JN411570

꽃들의 이야기

구 판 순 시집

시와사람

구판순 제2시집
꽃들의 이야기

2022년 10월 23일 인쇄
2022년 10월 28일 발행

지은이 | 구 판 순
펴낸이 | 강 경 호
인쇄 · 기획 | 도서출판 시와사람
등 록 | 1994년 6월 10일 제 05-01-0155호
주 소 | 광주시 동구 양림로119번길 21-1(학동)
전 화 | (062)224-5319
팩 스 | (062)225-5319
E-mail | jcapoet@hanmail.net

ISBN 978-89-5665-649-6 03810

값 10,000원

* 잘못된 책은 바꾸어 드립니다.
* 이 책은 전라남도문화재단 지역문화예술육성지원 사업의 지원금으로 제작되었습니다.

공급처 ■ 한국출판협동조합
경기도 파주시 탄현면 오금로 30
주문전화 (02)716-5616, 070-7119-1740

꽃들의 이야기

서시

꽃들의 이야기

꽃이라고 어찌 난관 없이
오롯이 피어나겠는가
사시사철 어찌 보낼까
침묵으로 참아내는 것이 꽃들이라네.

뙤약볕에 타들어 가는 가뭄에
세찬 눈보라와 얼음덩이 속에서
얼굴이 이글거리고 긴 장마에 손발이 문드러져도
스스로 이겨 내려고 한다네.

이글거리는 얼굴을 아침저녁 이슬방울로 이불 삼아
방긋방긋 웃는 얼굴을 보여 주더니
삶을 감사함으로 여겨
천사처럼 웃음꽃을 간직하게 되었다고 하네.

뜻하지 않는 절망이 닥쳤을 때
겨울을 견뎌내는 나목을 상상하면
웃음이 피어나는 꽃들처럼
희망을 가슴에 품어 볼 것이네.

눈에 보이는 꽃만 보지 말고
보이지 않은 꽃도 볼 줄 아는 사람이 가장
아름다운 꽃을 간직할 것이라네.

2022. 가을날

서시 · 7

1부 길을 걷다

길을 걷다 · 12
사람의 향기 · 13
깨진 그릇 · 14
다산 초당 유선각 · 15
땡볕 아래서 · 16
보림사의 석등 · 17
바가지 노릇을 할 수 있을까 · 18
선학동 메밀꽃을 보며 · 19
정상에서 내려올 때 · 20
콩나물 기르듯이 · 22
남광주 시장 사람들 · 23
작은 재미 · 24
호미질 하는 재미 · 26
동계 올림픽 개막식 · 27
봄을 찾아 · 28
큰 바위는 말이 없다 · 29
유혹이 없는 곳 · 30

황금색 옷을 얻었네 · 31
희망 · 32
임은 오지 않네 · 33
패럴림픽 베이징 알파인스키 · 34
피땀을 마다하지 않는 의료진 · 35

2부 불임과 임신

불임과 임신 · 38
국화차의 맛 · 39
국향을 품어 보았네 · 40
국화 동산에서 · 41
국화꽃이 필 때 · 42
도라지꽃 옆에서 · 43
두릅가시에 찔린 기쁨 · 44
메밀꽃 옆에서 · 45
가을 은행나무 · 46
마늘을 까며 · 47
강인한 도라지꽃 · 48

무궁화 피는 울타리 · 49
바다는 어머니의 품 · 50
배롱나무 옆에서 · 51
쌉쌀한 나무처럼 · 52
사슴의 향수 · 53
소나무의 일가 · 54
재두루미와 두루미 · 55
오디를 따며 · 56
완두콩을 따며 · 57
재생의 법칙 · 58
쪽파 이야기 · 60
채반 위의 새들 · 61
지구의 삶과 죽음 · 62

3부 만연산의 향기

만연산의 향기 · 64
수만리 큰재 숲바람이 콧등을 치면 · 65
부처샘 옆에서 · 66
동구리 호숫가 · 67
만연폭포 남탕 빙상(氷像) · 68

만연폭포 철쭉 · 69
물염정(勿染亭)에서 · 70
보성 쇠실 마을의 인정미 · 71
수만리 큰재 · 72
여탕(女湯)빙상(氷像) · 73
광덕로 비단길 · 74
수국 앞에서 · 76
도포리 유원지 · 77
못다 핀 꽃망울 · 78
살구나무의 추억 · 79
5월의 붉은 장미 · 80
회산백련지 · 81
살구 · 82
백일홍은 어머니의 인내처럼 · 83

4부 쑥부쟁이의 향기

쑥부쟁이의 향기 · 86
이팝나무 그늘에서 · 87
어머니의 추억 · 88
어머니의 손길 · 90

하이얀 찔레꽃 · 91
닭죽 끓이는 날 · 92
겨울 강 · 93
부모님을 기다리며 · 94
꽃신 · 96
메주꽃 이야기 · 97
손자의 기도 · 98
어머니의 낡은 대바구니 · 99
한복을 손질하며 · 100
이름없는 악기 · 101
빗소리 · 102
접시꽃은 병사들처럼 · 103
잔대꽃은 피고 지고 · 104
지리산 바래봉의 철쭉 · 105
구절초 · 106
합환수(合歡樹) 옆에서 · 107
광대나물의 이야기 · 108
별빛 아래 국화 송이 · 109
바위가 나무를 품다 · 110
꽃을 바라보며 · 111

|해설| 서정 양식의 개성과 실존, 그리고 애향의 노래 /강경호 · 112

1부

길을 걷다

길을 걷다

어제도 오늘도 걷다 보면
잘난 사람 못난 사람 앞뒤로 부대끼며
몽실 돌, 칼날 돌, 큰 돌, 자갈들이
발길에 부딪혀 뜻하지 않게 성가시게 한다.

크고 작은 몽실 돌과 칼날 돌에
발가락이나 발뒤꿈치에 밟혀 넘어져
무릎과 손바닥 얼굴에
상처를 내기도 한다.

용기를 내어 벌떡 일어나
주변에 있는 야생초나 쑥을 뜯어
상처에 묻는 모래나 흙을 털고
앞을 보며 뚜벅뚜벅 걷는다.

왜 넘어지게 되었는가! 무엇 때문에 피를 보았는가!
무엇을 염두에 두지 않았는가!
칼날 돌을 발부리에 어째서 부딪치게 되었는가!
이때 지혜와 용기를 내 몸에 담아 걷는다면 어떨까!

사람의 향기

벚꽃이 하얗게 피기 시작하여
마음이 두근두근 설레어
어서 가서 가까이
오래 보아야겠네.

한나절 궂은 비와
입맞춤하더니
눈을 감고 귀를 막고
절레절레 고개를 흔들고 있네.

아름다운 것은
예쁜 꽃잎과 향기보다
사람의 행동과
사람의 향기라고 한다네.

아름다운 꽃은
눈과 빗속에서 기다리지 못하고 시들지만
기다려 주는 것은
사람만이 한다네.

깨진 그릇

밥그릇 밑이 깨진 것인 줄
서너 번 밥을 먹을 땐 몰랐지
물을 부어 밥을 먹다 보니
조금씩 물이 샌다는 걸 알았다.

화분에 물이라도 줄까
화초가 싫어하고
고양이 밥그릇을 할까 했는데
고양이 몸을 다칠 것 같았다.

밭 귀퉁이에 버리려고 갔더니
땅속이 손사래를 치는 것이다
깨진 그릇을 알고 주는 자는
언제까지 만족할까?

인생이나 사물의 성함과 쇠함을
이제야 깨진 그릇으로
나는 깨닫게 되었다.

다산 초당 유선각

강진만이 밀려오는
다산 초당 유선각에서
푸른 바다를 본다.

짧은 하루만이라도
좋은 일 궂은 일이 생겨나듯
푸른 바다도
밀물과 썰물이 일어난다.

말이 힘든 것도 아니며
거액이 들어간 것도 아니어서
뱃속에서 요동치는
내뱉은 소리가 큰 상처다.

다산 초당 유선각에서
밀물과 썰물을 생각하니
넓은 바다 같은 아량이 보이고
그 옛날 유선각에서 생각에 젖은
다산의 마음을 생각한다.

땡볕 아래서

30도를 오르내리는 무더운 날
남편은 캠핑카 타고 다니는
친구 이야기를 꺼내면서
부지런히 밭고랑을 치고 두둑을 만드네.

강렬한 땡볕 아래 땅에서 일하기가 힘들지만
오후 3시에 비가 온다고 하니 부지런한 손놀림
이런 날 땀 흘리지 않으면
수확의 기쁨을 맛볼 수 없다 하네.

눈가의 땀을 훔치며, 물을 뿌려주며,
고구마 순을 땅에 묻으며
이런 일이 신선 놀이라 생각하니
마음이 편안해지네.

땡볕 아래 땀 흘리는 대가가
캠핑카 타고 다니는 재미처럼
가을 끝자락 토실토실한 고구마
지인과 나누는 재미가 있다 하네.

보림사의 석등

누구의 마음을 비춰줄까
부처님은 부지런하고 겸손한 자에게
비춰준다는 말씀이 있다

언제 어디서든 부처님께서
석등으로 감시도 하고
바르게 살라고 타 이르게 할 것이다.

부지런 사람, 게으른 사람
하늘을 올려다 본 사람, 땅을 내려다 본 사람
많은 백성에게 비출 것이다.

동쪽을 쳐다 본 사람, 서쪽을 쳐다 본 사람
부지런하고 겸손한 자만이 깨달음을 얻어
이 등불을 오래오래 간직할 것이라고
오래된 석등이 말해준다.

바가지 노릇을 할 수 있을까

덩실덩실한 박을 따서
슬금슬금 톱질하였더니
두 짝이 나왔네.

삶아서 박속은 무쳐 먹고
겉은 수저로 긁어 곱게 단장하여
햇볕에 내놓았네.

나뭇잎과 머리 위를 스치는 바람
눈과 귀를 시원하게 지나는 바람이
박 모양새를 만들어 주었네.

경사가 닥쳐 한과도 담고 정과도 담과보려고 했는데
바가지는 눈도 귀도 입도 다물고
바가지 형체만 있을 뿐 바가지 구실을 못 하네.

박을 가꾼 농부는 박을 따는 시기가 빨랐다.
겉만 보고 믿어 왔건만 한탄을 했었네.

된서리기 올 때까지 두어야
튼실한 바가지 노릇을 한다는 걸 이제야 알았다네.

선학동 메밀꽃을 보며

작지만 가냘픈 메밀꽃은
검약과 절제가 묻어나
청렴한 선비의 정신 닮았네.

하얗게 피고 지는 꽃은
검은 생각을 버리고
올곧은 마음가짐이 드러나 있는 듯하네.

선학 마을 언덕배기에
오는 이 가는 이 가을바람 타고
청렴을 불러 노래하고 노래하네.

정상에서 내려올 때

잎을 떠나보낸 도토리나무 줄기는
힘겹게 올라설 때
동반자인 양 손을 잡아주었다.

한발 두발 천천히 걷다가
네 발로 짐승처럼
난코스에서 기어 가기도 하였다.

고생고생 올라갔던 자리
헉 헉 대는 심장 달래면서
마침내 달마산 정상에 올랐다.

마음대로 뛰어 놀고 싶은
푸른 바다와 넓은 갯벌,
눈이 시원하였다

정상에서 오래 머물 수 없어 내려오는데
나의 다리 마음대로 제압하기 힘들었다.

내려올 때 도토리나무도
얼굴을 할퀴고 옷자락을 찢기우고

작은 조약돌까지도 성가시게 하였다

산을 오르고 내려오는 일
이것이 인생 같아라.

콩나물 기르듯이

콩나물이 되려면 1박 2일은
콩을 물에 담가 두었다가
하나둘씩 몸이 꿈틀대면
시루에 안쳐 본다.

콩나물시루에 들어가기 전에
모양이 반듯하지 못한 것은
과감하게 골라내며
튼실하게 생긴 콩만 모은다.

하루에 3번 정도 물을 주며
소리 내어 "아이들아, 잘 커라"
정성을 게을리 하다가는
콩나물이 잘 자라다가도 썩어 버린다.

긴장을 늦추면 맛있는
콩나물을 먹을 수 없을 걸
세상만사가 콩나물 기르듯이
정성을 다하여야만 죽지 않고 살아남을 수 있다.

남광주 시장 사람들

길바닥에 돌나물 돌미나리
쑥 쑥부쟁이 씀바귀
시장에 나온 사람들
눈빛만 보고 사세요? 사세요? 하네.

얼굴은 시들어 가는 것 같지만
물 몇 방울 먹고 나면 눈망울이 또렷또렷
저 나물이 상품가치도
돈 푼께나 나간 것도 아니라 하네.

팔다리는 굳어져 신경통에 시달려
병원비도 안 되는데
몇 천 원어치 나물 사주면 눈빛이 밝아
생기가 돌아 내 눈빛도 살아나네.

여기 저기서 사세요 사세요
남광주 시장 사람들 반짝이는
눈빛이 내 가슴에 들어와 밝은 눈빛을 사려
남광주 시장에 가고 싶네! 또 가고 싶네.

작은 재미

자고 나면 오이 덩굴 매듭에
오이가 아기 손톱만큼 있을 때
눈에 띄어 1주일 지나면 먹을 수 있어
작은 재미가 보이네.

따서 어느 댁으로 보낼까
첫 수확 때 예쁘게 생긴 것을 골라
이름도 주소도 없이 비닐봉지에 담아
아파트대문에 달아 주고 싶네.

오이냉국 만들어
새콤달콤한 맛에 취해 보면
무더운 여름을 이겨내 힘을 얻어
보약처럼 기운이 날 것이네.

오이를 따는 마음은 보물을 얻는 마음
피어 있는 벚꽃을 보는 듯이
재미는 보이지 않아 잡히지도 않아서 재미가 겹쳐있는
봉실봉실 피어나는 벚꽃처럼 쌓여 가네.

오랫동안 풀지 못한 일이 있거들랑

잠시나마 향긋한 오이 내음을 먹고 쉬어 가면
아기 손톱만큼 작은 재미가
가까이 보일 것이네.

호미질 하는 재미

무더위 속에 호미질을 하며
잡초를 제거해야만
고구마가 쑥쑥 자라나
튼실한 알맹이가 눈에 선하네

잡초를 뽑아내며
누님댁, 큰댁, 조카, 친구들 나눌 생각 하니
호미질하는 어깨 아픈 줄 모르고
땀은 등줄기에서 미끄럼 타네.

땅은 허락 명령이 내리면
예쁜 구름이 뭉게뭉게 손짓해도
산들바람이 나무 그늘에 쉬어가라 해도
땅에 무엇을 심을 것인가 깊은 생각을 해야 하네.

조금이라도 방심하면 잡초만 무성할 것이며
호미질하는 재미 앞세워 가면
하늘과 땅의 인심은 가까이 올 것이고
고구마 캐서 나누는 재미, 이 세상 다 가진 것 같네.

동계 올림픽 개막식

백범과 공룡의 형상은 한국의 미래가 엿보여
고구려, 백제, 신라, 조선왕조 문화가
한눈에 평화를 피어오르게 하네.

눈이 내리는 날 천사가 내려오는 듯
여인과 소녀는 발맞춰 피켓과 청사초롱을 들고
각 나라 선수들의 용기를 솟구치게 하네.

하얀 대지 위에 하얀 선수들 유니폼이
우주의 평화를 부르며 강한 자와 약한 자는
한데 어울려 손에 손을 잡았네.

아름답도다! 2018년 한국 동계 올림픽이여
한국의 예술과 따뜻한 정이
지구촌에 널리 널리 보급되어
평화를 간직하길 바라네.

봄을 찾아

5·18 민주화를 외치던
광주 땅에 파릇파릇 새싹이 돋아나
개나리도 피고 진달래도 피고
사람들 가슴에 따사로운 봄이 왔어요.

미얀마 국민은
살얼음판 위에 살고 있어
한 생명 불이 꺼져 가는 것은
내 가족 생명의 불이 꺼지는 것과 같아요.

UN사무총장님! 미얀마 국민 유혈사태
여러 나라의 지혜와 힘을 모아
미얀마 국민의 가슴에 파릇파릇
새싹이 움트게 봄을 찾아 주어야 해요.

큰 바위는 말이 없다

만연산을 오르내리다 보면
유독 눈에 띄는 것이 큰 바위다.
큰 바위는 태풍에도 큰 홍수에도
꼼짝도 하지 않는다.

다람쥐가 바위틈에 겨울 먹이를
숨겨 놓아도 그대로 아무 말이 없다.
큰 사람 작은 사람 모여
수다를 떨어도 아무 말이 없다.

홍수가 나면 작은 돌은 이리저리 굴러가
여기가 내 자린데 쌈박질을 해댄다.
큰사람 앞에서, 실수를 하고 방정을 떨어도
큰 바위는 말이 없다.

어느 때는 크게 실수한 자에게
소낙비가 아니라 이슬비 내리듯 조용히 타이른다.
큰 인물은 남을 다치지 않으려고
큰 바위처럼 위용을 부리며 등을 다독여 준다.

유혹이 없는 곳

봉화산 바위에 둥실 떠
북쪽으로 가는 구름은 내 마음 알까?
사슴을 본 소나무에게 묻고 싶었어요.

부엉이바위에 올라 낮은 곳을 찾은 구름
초근목피에 앉아보며
만백성 사랑 받고 싶었어요.

바위에 가는 길목
늑대들 우글거리는 오작교 유혹
웅덩이 허우적거리던 손길
잡았던 로프 썩은 로프라고 후회하였지요.

그들이 찾은 고깃덩이가 싫어서
사슴은 명예를 위해 바보 바보를 향해
바람의 유혹이 없는 곳
작은 소나무 집으로 가고 싶었어요.

황금색 옷을 얻었네

혹한의 겨울을 보낸 것이
봄이 예쁜 꽃잎을 피워
내어 주던 일이 엊그제 같은데
벌써 화려한 열매를 보여주네.

황금 옷을 입은 열매
그해 열매 중 으뜸이라고
누가 말했던가
향이며 맛과 멋이 다른 열매 앞설 수 없다 하네.

맛이며 멋과 향을 누구의 힘을 얻어
어떻게 만들어 낸단 말인가!
혹한 겨울을 등에 업고 여름을 생각하며
벼슬이라 참고 기다려 황금색 옷을 얻었네.

지금 힘들게 세상 헤쳐 나간
아이들도 혹한의 고통을 겪어 본다면
황제처럼 황금색 옷을
얻을 날이 머지않았다 하네.

희망

살을 에이는 듯한 눈보라 속에
매화 꽃망울은
잉태를 마다하지 않는다.

눈 덮인 꽃망울은
망울망울 연달아 뽀득뽀득 매달리면서
고개를 들고 있다.

지하철 계단을 오르내리는 길손들
희망 찾겠다고 부산을 떠는
따그닥 따그닥 구두 발자국 소리
호연지기를 불러일으킨다.

희미한 달빛에 꿈꾸는 자여
고행길 가는데 되돌아오지 말라

혹독한 추위 끝에
포근한 햇볕 찾아오듯
매화꽃망울 활짝 피어
은은한 향기 짙게 탈날 멀지 않았다.

임은 오지 않네

목화 송이송이 내리는 날
임이 오시는지
푸른 머플러 걸치고
폭풍 앞세워 마중 가네.

주방엔 갯내음 자글자글
어디쯤 오고 있는지
철쭉 밑에서 가슴은
다듬이 쌍방망이질하네.

흰 눈은 배꼽까지 쌓여 가는데
하얀 발자국 사뿐사뿐
기다려도 기다려도
임은 오지 않네.

푸른 장갑 낀 손 호호 불며
하얀 코트에 발 동동 굴려가며
언제쯤 기별이 올려는지
폭풍 껴안고 노을 따라 기다리네.

패럴림픽 베이징 알파인스키

여자 회전 시각 장애인 최사라 선수
알파인스키 타는 것은
비장애인들은 상상을 못 했다.

보이지 않지만 발끝에서 오는 감각으로
해내는 선수들 모습을 볼 때
무어라고 말할 수 없다.

손발이며 눈과 귀가 제 기능을 하는
비장애인으로서 장애인들을 볼 때
미안하고 부끄러운 마음이 앞선다.

한국 최사라 선수 앞이 보이지 않지만
회전을 할 때 보이는 이의 가슴이 콩닥콩닥
절차탁마를 아끼지 않았을 것이다.

최사라 선수 회전을 잘 해내는 걸 알고
시각 장애인들은
희망과 용기를 품을 것이다

피땀을 마다하지 않는 의료진

밤이든 낮이든 "비상이다"
선별진료소로 달려가 방호복으로 갈아입으면
화장실도 못 가고 음료수도 먹을 수 없었습니다.

검체 채취할 때 의료진의 방호복 속에서
땀이 비 오듯 쏟아졌지만 참고 견디며
내 부모와 자매처럼 사랑으로 응대하였습니다.

허기진 배를 차가운 김밥 한 덩이로 달래며
피땀을 마다하지 않는 의료진 덕분에
우리는 안락한 생활을 할 수 있어 행복합니다.

선별진료소와 음압 격리 병실을 지켜 주신
의료진 여러분 고맙습니다.
코로나19 바이러스가 빨리 종식되기를 기원합니다.

2부

불임과 임신

불임과 임신

강물 따라 하나둘 비닐 조각들이 바다에 모여들고
논밭에는 잡초에서 벗어나고 싶어
전답에 비닐을 사용 안 하면 살 수 없는 세상이 되었다.

옛날엔 시장에서 생선을 지푸라기에 묶어
시장바구니에 담아 이고지고 나르고.
헌 교과서로 봉투 만들어 고춧가루를 담고
생선을 싸서 들고 날고 해도 불편하지 않았다.

왜 일회용 비닐을 사용하여
푸르고 넓은 바다까지 몸살을 시키는가!
바다거북은 비늘 빨대로 콧구멍이 막혀
질식하며 죽었다
우리 후손의 코에 송곳을 찌르는 것 같아 아찔하였다.

논밭에서 나온 비닐을 몰래 태워 숨쉬기가 힘들고
소각장 옆에 기르는 개는 불임이 되었다고 하니
사람의 불임과 임신을 깊이 생각할 일이다.

국화차의 맛

국화차 끓일 때
손님과 앉아 씁쓰런 내음이 코끝에 닿을 때
달콤한 맛은 보이지 않아 마음이 숙연해지네.

씁쓰런 맛은 약이 되고
달콤한 맛은 독이 된다는
옛 말씀에 만감이 교차하여
참을 인(忍)을 찻잔에 담아 보려 하네.

오늘도 혼자서 국화 서너 잎
뜨거운 물에 띄워 맛을 기다리는 시간
나의 삶은 점점 여물어져 가네.

국화의 어엿한 자태를 펼칠 때
꽃잎에 찬 서리 닿은 순간
봄부터 살아온 세월 되새기며
백절불굴(百折不屈)은 국화 찻잔 속에 숨어 있네.

국향을 품어 보았네

미술관을 관람하고 휙 돌아서서 나왔다가
다시 들어가 발가락으로 작품 활동한 자도 있어
발걸음을 천천히 옮겨 붓놀림을 곱씹어 보았네.

그림 속 그림에 몇 번이나 스케치하며
색칠은 어떤 고통이 있었을까
사진으로 찍은 것처럼 보이네.

보이지 않은 고통, 괴로움, 슬픔이 있었기에
완성의 성취감을 작가는 품었을까
성취감은 보이지도 만질 수도 없을 것이네.

돈을 주고 살 수도 팔 수 없을 즐거움
바늘귀만큼의 맛을 보았을까!
두 손이 없어 발가락으로 그린 사람도 있다 하니
작품 속에 씁쓸하게 타오른 국향을 품어 보았네.

국화 동산에서

꽃 중에 국화가 아름답다고
늙은 부모님과 갓 태어난 새싹 같은 아이까지
지팡이 짚고, 손에 손잡고, 업고, 보듬고
우매우매 감탄사 던지며 국화 동산에 몰려오네.

닭, 소, 돼지, 염소, 공룡 형상에
빨강 국화, 노오란 국화, 하이얀 국화 송이송이
장식하여 닭은 꼬끼오, 소는 음머음머
돼지는 꿀꿀, 염소는 얘얘 저마다 재능을 보여 주네.

슬픈 사연을 가진 자, 취업 문제로 고민하는 자,
입시 준비로 힘든 자, 화순 국화 동산에 찾아와
국화 송이송이에 눈을 맞추더니
가슴 깊이 기쁨과 즐거움을 담아 보네.

하이얀 구절초 노오란 소국화 송이
빨강 국화 송이송이 물결치듯 피어난 사잇길로
관객들은 형형색색 무지갯빛 타고
인파 속 꼬리에 꼬리를 물고 행복의 행렬에 나섰네.

국화꽃이 필 때

노오란 국화, 하이얀 국화
아들 국화, 며느리 국화
아기를 잉태하는 국화
다양한 향연이 이루어지네.

국화는 찬 서리 내리는 날
향연을 위해 이른 봄부터
가뭄에 장마에 땡볕에
꿋꿋이 견디어 주었네.

아이 어른 모두 손 잡고서
국화꽃 한 잎 한 잎 필 때
향기 품어 볼에 비비고
활짝 웃으며 사진을 찍네.

안아보면 얼굴이 쏟아질 것 같아
눈으로 담아 마음에 담아
꽃 중의 여왕이라 불러보며
가슴에 행복을 새겨 가네.

도라지꽃 옆에서

아낙들이 콩을 심고 싹이 나면
잡초를 뽑고 허리를 펴
아이구 허리야 하늘을 볼 때
도라지꽃이 가슴으로 들어오네.

구름은 뭉게뭉게
네 마음도 함께 떠가고
도라지꽃은 금세 꽃망울 빚더니
보라색 흰색으로 꽃잎을 펼쳐보네.

도라지꽃은 코로나 바이러스19로
병실에 누워 치유를 기다리고
완쾌에 온 힘을 기울이는
의료진에게 희망을 주네.

산들바람은 기다려도 오지 않고
찜통더위가 힘들게 할 때
도라지꽃은 폐 기능에 도움을 준다며
활짝 웃고 있네.

두릅가시에 찔린 기쁨

두릅은 자손의 번영을 앞서
온 몸에 가시를 두르고 있다.

농부는 조심스럽게
엄지 검지로 손을 내밀어
두릅 순을 딴다.

순간, 가시에 찔려
앗, 얏! 작은 아픔이 있었지만
크나큰 기쁨으로 돌아온다.

이집 저집 식탁에 올릴 생각에
입이 저절로 귀로 올라간다.

가시의 아픔에서 돌아온 기쁨은
무게나 부피로 표현할 수 없지만
농부는 또다시 두릅나무 곁으로 달려간다.

메밀꽃 옆에서

앙증스러운 하얀 메밀꽃 옆에서
얼굴을 묻고 사진을 찍으며
꽃 내음을 맡으니
선뜻 시집보낼 딸아이가 생각나네.

목화솜 따서
맏딸 둘째 딸 셋째 딸에게
이불 한 채씩 만들어
시집보낼 생각을 하니 마음이 넉넉하네.

가을 햇살 타고 익어간
눈처럼 하얀 메밀꽃을
어떤 보물과도 바꿀 수 없네.

메밀꽃 사이사이
얼굴 묻으며 사진을 찍고
꽃내음 맡으며
든든한 사위 얼굴 그려본다네.

가을 은행나무

노란 은행잎 보기만 해도
가슴의 찌꺼기가 씻겨 내려가는 것 같네.

노란 은행잎 사이사이 조랑조랑 달린 열매
이리저리 보아도 금덩이 같아
눈을 뗄 수 없어 귀하게 여기네.

비바람과 태풍에 땅바닥에 떨어지면
길 가다가 자신도 모르게 밟게 되어 "아유 구린내"
미간을 찌푸리게 하네.

은행잎과 구린내 진동한 열매
두엄자리에 모아두면 저절로 발효되어
우수한 살충제 살균제가 되어 주네.

쪽파, 고추, 고구마 생산하는데 큰 공로가 되어
농부는 부가가치를 높일 수 있네.

농부는 길가에 구린내 치워 주고
천연 농약 만들어
명품 농산물 시장에서 폼잡네.

마늘을 까며

겉보기엔 조그맣게 생겨 껍질을 벗겨 보면
알이 꽉 차 낭자한 새색시 얼굴처럼 곱다

향이 어찌나 진한지
손, 얼굴, 옷에 묻으면 마늘인 줄 금방 안다
음식에 안 들어가면 맛이 없다.

마늘은 추운 겨울에도
보득보득 자라줘 흰 눈 속에서도
파란 얼굴을 내민다.

여름에 수확하여 서른 개씩 묶어 시렁에 달아 두어
불쾌지수가 높아도 종족 번식에 앞장서 나간다.

추석 무렵 땅에 묻어 주면 파란 미소
휑한 겨울철 늙은이 앞에
파란 색시가 희망을 안겨준다.

생존기를 더듬으며 쓰임새와 향이 앞서
무더운 여름과 맹추위를 마다하지 않는
마늘을 닮으면 어떨까!

강인한 도라지꽃

하이얀 꽃 보라 꽃 한들한들
손짓하면 바삐 걷다가도
멈춰 서서 한참 동안 넋을 잃고 바라보네.

다른 꽃은 봄이 좋아 봄이 좋아
봄바람의 날개를 타지만
도라지꽃은 뙤약볕도 좋아 뙤약볕을
마다하지 않네.

뙤약볕에 너울너울 춤을 추듯
피어나는 걸 보니
강인한 재목처럼
꽃이라고 보기에는 아까워지네.

뙤약볕에서 춤을 추는 도라지꽃을 보니
가시 돋친 독고마리·엄나무·가시오갈피들도
사랑이 샘물처럼 솟아나네.

뙤약볕에 피어난 강인한 도라지꽃
내 마음도 도라지가 되어
꽃 속에 파묻혀지네.

무궁화 피는 울타리

7월엔 장마 무더위 언제 갈까
서늘한 바람 생각 간절한 날
하이얀 무궁화가
봉실봉실 피어난다.

울타리에 피어나는 무궁화는
나라를 지키는 군인처럼
장마와 무더위 이겨내고 피어난다.

하늘에 구름이 가까이서 유혹해도 덥지 않아
연일 장마가 성가시게 해도
묵묵히 나라 지키는 병사들처럼 피어난다.

울타리에서 봉실봉실 피는
하이얀 무궁화를 보면
구국의 일념으로 싸운 독립투사처럼 든든하다.

바다는 어머니의 품

무심코 버린 쓰레기가
어머니 품 같은 바다로 밀려가
어패류의 눈, 코, 입을 성가시게 하여
멸종이 눈앞 가까이 와 있다.

바다에서 수확한 미역·다시마·김, 어패류가
우리 생명을 지켜왔었는데
어패류가 멸종한다면
어찌 인간이 제 수명을 다할 수 있겠는가.

바다에서 생산되는 수초와 어패류는
약이자 식품이어서
식품으로 병을 못 고치면 약이 없다고
히포크라테스는 가르쳤다.

인간은 바다가 어머니의 품안이란 것을
잊어서는 아니 되어 깊이 생각하고 사랑하고 아끼어
시름시름 죽어 가는 바다를 살려
자손 대대로 물려줘야 한다.

배롱나무 옆에서

뙤약볕에서 자리 탓도 없이
호미질 하는 여인처럼
장인 정신 가구장이처럼
아름다움을 피어 내는 나무

100일 동안 끊임없는 일손
주변에서 싫은 소리 내뱉어도
가지를 끊어도
그저 아름다움을 자아내는 나무

덥다 더워 날씨 탓도 없이
다만 자식 잘 되라는 바람
무릎이 닳게 108배 하는
어머니의 기도처럼

뙤약볕 아래 옷섶을 여미는 여인
내 몸이 수고롭지 않은데
마른 박토에서
어찌 대가를 바라겠는가 하네.

쌉쌀한 나무처럼

연두색으로 피어날 때
아기처럼 사랑스러워
안아보고 싶었네.

얼마 지나 빳빳하고 초록으로
물들여 똘똘해져
안아 보고픈 마음이 달아난다네.

가을이 되어 노랗게 물이 들어
근심 걱정을 털어놓으려고 갔더니
하직 인사하려고 손을 내미네.

풋풋한 사랑은 온데 간데 없고
임이 떠난 자리에 달큼함은 달아나고
쌉쌀함이 신성함이라고 자리하고 있었네.

사슴의 향수

긴 목을 고향으로 두르고
어머니 계신 산천 풀 내음 풍기는
봄이 오는 동구 밖 가고 싶어요.

산 너머 찔레 열매 따 먹던 시절
꿈과 이상은 조각구름처럼
평화와 자유는 서러웠어요.

짠물이 출렁이는 파도가 무서워
눈물은 바다로 흘러 흘러만 갔어요.
창공이 두려워 갇힌 나날들
푸른 바다 울음소리만 귓가를 때렸어요.

보석 같은 내 어린 것들과
산천초목을 누릴 수 있는 날 언제 올 것인가
값없는 나날들 녹각은 작아지고
또 작아지고 언젠가 보이지 않았어요.

사라졌던 녹각에 봄이 온다면
폭풍이 몰아치는 유리알 같은
눈밭 길도 탓하지 않겠어요.

소나무의 일가

11월 초겨울 날 병풍산 기슭
적송들은 두툼한 의복에
아기 재롱을 보며 웃음소리
창호지 밖으로 쏟아진다.

증손 4대가 너럭바위 틈새
긴 뿌리 내리며 노적봉 쌓아둔
솔 향기는 오고 가는 길손
마른 입술 적셔 주어 고단함 녹여 준다.

누런 얼굴이며 체형이 예술 작품으로 되기까지
비옥한 땅 내어 주고 평소 소박한 밥상이었다.

맨몸뚱이로 오돌오돌 겨울 채비한
이웃 나무들은 화려한 옷 벗고 난 후
소나무밭에서 마시고 유희를 하여도
멸망하지 않는다고 수런거린다.

소나무 뿌리는 폭풍이 몰아쳐도
등산객이 걷고 또 걸어가고 코끼리가 밟아도
파란 하늘에 뭉게구름만 흐른다.

재두루미와 두루미

두루미들은 가을철이 되면
철원 평야 벼 이삭 알곡을 먹으려
가냘픈 날갯짓으로 약속을 한다.

사뿐히 내려앉아 날렵한 부리로 먹어도
부상자도 없이 예지(禮知)신의(信義) 지키는 것이
어리석은 사람보다 앞서가는 것 같다.

종족 번식의 때를 알고 짝짓기를 하여
잔디 위에 알을 낳아 살포시 품어준다.

두루미는 봄이 올 때가 되면 실개천에서
부리로 날개를 쪼아 온몸을 씻어낸 후
물기를 탈탈 털고 의관정제(衣冠整濟) 갖추어
다음을 기약하고 시베리아로 떠난다.

오디를 따며

파란 이파리 속에
오디 열매가 많이 달려 샐 수 없네.

단단한 열매가 무더운 땡볕 아래
붉어지면서 까만색으로 맛있게 익어 가네.

오디가 익어 가면 단맛도 나고
만져보면 부드럽고 보랏빛 몽땅 품어 있네.

사람도 고통을 견디다 보면
늙어 가는 것이 아니라
익어가는 가는 것이라고 하니
까칠한 마음이 부드럽고 넉넉해진다 하네.

샐 수 없는 세월에 지혜도 생기고
따뜻한 정이 묻어나
사람도 안토시안이 많은 오디처럼 되어가네.

완두콩을 따며

가을 끝자락에 완두콩을 심어 두면
파릇파릇 싹이 자라
흰 눈 속에서도 미소짓고 있다.

작년에 많이 심었지만
지줏대를 만들어 주지 않아 빈 깍지가 많아
올해는 대폴가지로 지줏대를 만들어 주었더니
썩지 않아 콩 꼬투리가 꽉 차오른다.

이른 봄에 다른 작물은 웅크리고 있을 때
활짝 인사하더니 금세 봉실봉실 꽃을 피워
7개월 이상 자라 그해 곡물의 첫 수확
파랗게 자라는 콩 꼬투리를 보면 마음은 부자가 된다.

흰 눈 속에서 자란 완두콩은
지줏대만 세워주어도
알아서 알이 꽉 차 있어
완두콩의 성장 과정을 곱씹어 본다.

재생의 법칙

장마 속에 음식 쓰레기 먹고 자란 고추는
환하게 붉게 익어 가며
'코로나 걱정 마요, 물 폭탄 걱정 마요'
아파트 문고리에서 희망을 건넨다.

과일 껍질이나 신선한 채소 자투리를 모아 닭장에 던져 주면
닭들은 한 조각씩 물고 맛나게 먹어 댄다.

사람도 짐승도 먹지 못한
매일 부엌에서 나온 음식물을 쓰레기통에
따로 모아 밭 귀퉁이로 가져가
두엄자리를 만들어 놓아 모아둔다.

밭에서 나온 잡초와 부엌에서 나온 음식 쓰레기
켜켜이 시루떡 안치듯 덮은 후 연 3~4회 정도
뒤집어 놓으면 질 좋은 퇴비가 되어
구수한 내음이 코끝에 닿아 만져보고 싶다.

닭 배설물은 한데 모아 비닐로 덮어
발효시킨 후 2달 지난 후
뿌려준 후 고추를 심었더니 징한 탄저병이

고추 밭에 넘실넘실하다가 도망간다.

인간은 코로나19 재난 속에
살얼음판에 서 있는 듯 두 달가량 물 폭탄 맞고
자란 고추가 재난을 이겨낼 수 있다며
파란 고추가 주렁주렁 붉게 익어간다.

농약 한 톨 없이 직접 기른 고추 따는 마음은
인간 농사 잘되어 고을의 과학자, 나라의 과학자
아니 지구의 과학자가 탄생하는 듯하다.

붉은 고추 파란 고추 손에 닿은 순간
이것이 보물이지! 보물을 한 아름 보듬은 기분은
건강한 땅과 쾌적한 환경도 인간의 노력 덕분인가 한다.

음식 쓰레기로 만든 퇴비와 닭들이 내어준 퇴비를
밭에 뿌려서 붉은 고추, 파란 고추를 따
아파트 문고리에 주소도 이름도 없이
희망의 끈을 달아 주련다.

쪽파 이야기

찬 바람이 일어나는 계절에
쪽파 씨앗을 땅에 묻으면
금세 파릇파릇
귀여움을 떨고 얼굴을 내민다

다른 식물들은 추위를 못 견디는데
쪽파는 한파가 몰려와도 차디찬
눈이 쌓여도 모양새며 맛과 향기를
그대로 지닌 채 혹한을 견디어 낸다.

3월에 쪽파를 뽑아 이집 저집 보내며
새색시처럼 매끄러운 몸매
달큰한 맛 향기는 진해져 완성된 작품이다.

쪽파를 뽑아 주겠다고 약속한 날 찬바람은 쌩쌩 불어
우리의 마음을 저울질이라도 하는 양
흰쌀 같은 우박이 우두둑 떨어지지만
따뜻한 식탁으로 갈 것을 생각하니 즐거움이 더해진다.

채반 위의 새들

대추 볼 붉어져 가는 날
채반 위에 드리운 따가운 햇살
이름 모를 작은 새들
먼저 와 짹짹짹 뒤따라 온 규수 사뿐히 앉지요

반질반질 대추당분을 만들며
김돌이 프로필 소개
양순이 고개 끄덕 끄덕
혼인날 손꼽아 세어보지요.

신혼여행은 바다가 있는 섬으로 갈까
숲이 많은 산으로 갈까
신접살림은 어디에 차릴까요.

원앙금침은 깐깐한 참나무보다
보드라운 물오리나무에
초래청 과실은 대추로 마련할래요.

지구의 삶과 죽음

비닐을 태우자 환경 호르몬이
하늘 높이 구름에 섞여 있다가 다시 땅에 떨어져
농작물에 묻어 탄저병이 된다는 사실을 왜 모를까!

지구를 생각하고 후손을 생각한다면
씻어서 사용 불가능할 때까지 사용하고
깨끗이 씻어 말려서 버려야 하거늘

우리가 비닐을 덜 사용 하도록 해야하지 않겠는가
코로나19보다 무서운 탄저병이 걱정된다.

쓰레기 소각법이 시행되기 전에
탄저병이 없어 농약 걱정 없이
마음 놓고 먹고 살았다고 하니
지구의 삶과 죽음이 우리 정성의 무게에 달려 있다.

꺼뭇꺼뭇한 탄저병이 식물에 와 있어.
머지않아 동물의 몸에도 탄저병이 찾아와
시커멓게 타들어 가 인류의 멸망은
순식간이 될지도 모른다.

3부

만연산의 향기

만연산의 향기

만연산 이 나무 저 나무에서
발효된 향기가 나네.

오랫동안 맡아도 싫지가 않아
나무와 같이 있고 싶네.

만연산은 세월의 무게가 있다 해도
나뭇잎은 향이 있고 썩지 않네.

만연산 산에산에
나뭇잎은 발효되어 향이 있네.

만연산에는 어른 아이 손에 손잡고
춘하추동 모여 향이 나고, 향이 지네.

수만리 큰재 숲바람이 콧등을 치면

수만리 큰재 숲 바람이 콧등을 치면
찌들었던 땀 냄새 모두 보내고
나뭇잎이 내어주는 향수를 먹어본다.

수만리 큰재 숲 바람이 콧등을 치면
높은 푸른 하늘 흙향기에
밤 익어가는 소리가 들린다.

수만리 큰재 숲 바람이 콧등을 치면
추석에 먹는 어머니의 손맛
올벼 쌀밥과 전어구이 생각에 입맛이 돈다.

9월의 수만리 큰재 숲 바람이 콧등을 치면
빈 곳간이 가득 차
세상 다 가진 부자가 되는 것 같다.

부처샘 옆에서

화순 부처샘은
가뭄이 들어도 시원한 물이 콸콸
얼음장이 덮여도 김이 모락모락

삼복더위에 시원한 물
한 모금 마시면 이마에 땀이 잦아들고
목구멍으로 흐르는 물이
정신을 번쩍 들게 한다네.

부처샘 물맛은
여름에 어머니가 시원한 수박을 주신 것처럼
겨울엔 따뜻한 고구마를 쪄주시는 것처럼
입에 닿으면 꿀떡꿀떡 잘도 넘어가네.

혼자 마시기 아까운 부처샘물
지나는 길손 고단한 걸음 멈추고
한 모금씩 목을 축이면
발걸음 한결 가벼워 질 것이네.

동구리 호숫가

동구리 호숫가에
장맛비가 잠깐 쉬어갈 때
물고기 떼가 반갑게 나와
둥글게 길을 가라 하네.

동구리 호숫가에 가면
부지런한 걸음 둥글게 한 바퀴 돌아보면
어여쁜 임이라도 만날 것 같은
마음이 설레이네.

동구리 호숫가에 가면
뜨거운 햇볕에 내리 쬐어도
무더위가 숨통을 죄여도
물고기 떼가 반갑게 손짓하네.

동구리 호숫가 가면
할배 할매 며느리 아들 손자 물고기 떼가
한데 어울려 부족함을 채워주고, 실수는 감춰주고
어우렁 더우렁 둥글게 살라 하네.

만연폭포 남탕 빙상(氷像)

남탕으로 들어가 보니
추운 겨울이어도
폭포는 쏴아쏴아
만인을 부르고 있네.

폭포는 영하의 날씨인데도
소나무 숲을 만들어주니
아기 토끼가 마음껏
뛰어 노는 것처럼 보이네.

어미 오리는
새끼 오리를 거느리고 뒤뚱뒤뚱
거북이는 사나운 동물을
평화롭게 다독여주고 있네.

코끼리빙상은
어디든지 여행을 가려고
등에 잔뜩 짐을 싣고
반려자를 기다리고 있었네.

만연폭포 철쭉

당신을 보면 웃음이 생겨요
당신을 보면 희망을 가져요

두려움도 질투도 버리고
채움을 비울 수 있어요.

향기가 없어 마음이 편해
함께 하고 싶어요.

영원히 가슴에 안고서
시베리아 벌판도 같이 가고 싶어요.

물염정(勿染亭)에서

적벽을 누린 강물은
온통 청빈함과 사랑으로
물염정을 받쳐 주고 있네.

물염정에서
산자락을 바라보니
푸른 물은 유유히
시커먼 눈을 씻어 주네.

화순 물염정에 앉아
붉은 가슴을 씻어 보노라면
적벽의 에워싸인
푸른 물결이 반길 것이네.

적벽을 받쳐준 강물을 살펴보면
까치 날개 닮지 말고
배 바닥을 닮으면
어두운 눈과 귀를 밝아지게 할 것이네.

보성 쇠실 마을의 인정미

마을 앞에 황토를 깔아 40년 만에 돌아온
백범 김구 선생을 환영한 마음은
행여나 오염된 땅을 밟으시려나 노심초사하였네.

황톳길 밟은 김구 선생은
이것이 비단길인가 뚜벅뚜벅
이제 가면 언제나 올까
발걸음 더디 걸었을 것이네.

보성 쇠실 마을 사람들의 인정미가 두터워
숭고한 애국애족의 정신은
국가의 자랑이자 보배이었네.

보성의 민심은 예나 지금이나
사람 보듬은 마음가짐
내 자식처럼 사랑을 아끼지 않았다 하네.

수만리 큰재

봄철이면 철쭉꽃의 명소
수만리 큰재에는
할머니 할아버지 며느리 손자
손에 손잡고 몰려오네.

몽실몽실 피어나는
붉은 철쭉꽃을 보면
와아! 와아!
닫힌 가슴이 활짝 문을 여네.

붉은 융단을 깔아놓은 듯
봄의 향연을 드러내는 큰재에 앉아
할머니 할아버지는
세상 대접받는 기분이라 하네.

수만리 계곡을 '한국의 알프스'라 외치며
철쭉 향기에 취해 큰재에 달려온 가족은
절망과 슬픔을 싹 털어내고
희망과 즐거움을 담아가네.

여탕(女湯)빙상(氷像)

여탕에 들어서니 좌측 입구에
남자 스님 일곱이 모여
세상의 번뇌를 벗고
극락을 꿈꿀 수 있도록
천수경을
목탁에 실어주네.

우측에는 천사가 아기를 안아주는 듯
폭포는 쉬지 않고 쏴아쏴아 평화를 부르며
새끼 곰이 어미 곰에게
산책 가자고 칭얼대는 듯
어미품을 그리워한 것처럼 보이네.

만연폭포는 만물에게
삶의 희망을 주려고 끊임없이 쏴아쏴아
각양각색 빙상제조에 여념이 없네.

광덕로 비단길

광덕로의 은행나무 길은
노란 비단이불
덮는 것처럼 포근하다.

봄엔 연둣빛을 치장하면
여름엔 시원한 쉼터로 고단함을 녹여
희망이 피어오른다.

은행잎 사이사이 산들산들한
바람의 유혹으로
많은 사람을 모아들게 한다.

은행나무 밑에 들고 날고 하는 자 중
낯선 사람 낯익은 사람
집집마다 걱정거리 자랑거리를 쏟아 낸다.

여름내 뙤약볕도 마다하지 않고
열심히 자신의 맡은 일 충실히 하더니
가을엔 노랑 비단을 만들어 내어
사람들은 광덕로 길이 어머니의 품 안인 줄 안다.

광덕로 노란 비단길
은행잎 발자국마다 폭삭폭삭
명주 이불인 양 어깨가 으쓱으쓱
어두웠던 마음은 뒤로하고
기쁜 날을 기다려 본다.

수국 앞에서

처녀의 꿈을 담아내려고
위에서 아래로
동쪽에서 서쪽으로 찰알칵 찰알칵
찍어댄다.

분홍빛 보랏빛으로
보성 복내면 골짜기를 가득 메워.
수국은 소나무와 편백나무 밑에서
수줍은 미소를 짓는다.

방긋방긋 웃어주는 꽃은
나무 밑에서 처녀의 꿈을 가득 담고
있는 듯 없는 듯 고요하게
숭얼숭얼 피워낸다.

숭얼숭얼 피워낸 꽃숭어리
처녀의 젖가슴처럼 생겨
감히 누가 만질까 말까
눈치를 살핀다.

도포리 유원지

눈부신 도포리 유원지
바다는 철썩철썩 소나무들과 포옹을 한 듯
사랑이 쏟아져 청빈하게 살아온
소나무들이 길손을 부르네.

혼자 걷기 아까운 곳
솔 내음은 모래 등에 업혀
아이의 발가락 같은 꼼질꼼질한 보드라운
실바람 솔솔 풍겨 걸음마다 사랑이 쌓여 가네.

푸른 바다 파도 소리에
없는 사랑도 없는 애인도 만들 것 같은
도포리 솔밭은 궁전이라네.

도포리 솔밭은
푸른 바다와 사랑을 주고받으며
어서 와라! 어서 와라! 손짓하여
솔밭 아래 모래밭을 걷노라면
세상 부러울 것이 없네.

못다 핀 꽃망울

총과 칼로 난무를 일삼아도
최루탄 가스로 입과 눈을 막아도
그날 5·18 전라도 의혈의 고장
하늘은 눈물로 기록하였으리라.

5월의 영령
딸기밭에 문드러진 주인 없는 딸기처럼
민주의 재단에 피로 쏟아내어
붉은 향기 타올랐으리라.

불의와 정의에 심신을 바친 넋들
전라도 불사조 정신은
온천지 민들레 씨앗처럼
붉은 향기 날아가 푸른 터전 이루었으리라.

천추의 한을 안고 간
5월의 못다 핀 꽃망울들
그 숭고한 희생 빛고을 빛이 되어
영원히 이어 받들리라.

살구나무의 추억

큰재 가는 길에 살구나무가
모진 바람에 힘든 나날을 보내더니
화사한 분홍 얼굴을 보여 주면
찌들었던 가슴이 탁 트인다.

어릴 적 친구네 우물가 살구나무가 있어
일부러 물을 길으러 가 옹기 물동이를 샘가에 놓고
살구나무 밑에서 두리번거렸다.

깨진 살구 하나 주워
주인댁에게 "이것 먹어도 돼요"
"응! 먹어" 허락이 떨어지자
큰 횡재라도 하는 양 두레박질이 한결 가벼웠다.

살구꽃이 필 때면 집안에 보물이 들어올 것처럼
와아! 와아! 입과 눈이 호사하여
마음에 부자가 되는 기분이었다.

살구꽃 피고 지고 새콤달콤 열매 맺으면
코로나로 힘든 소상공인과 서민은
살구나무 보며 벙긋이 웃을 날이 오겠다.

5월의 붉은 장미

광주 시민이라면 5·18
군화 발자국소리 따각따각
최루탄 가스 마시고
온몸에 도배질 해야만 하였네.

상가는 최루탄 가스에 문을 닫아야 하고
공수부대 군인을 보면 도망쳐야 했었네.

문화의 전당 건너편 상무체육관에
민주화를 부르짖던 시체가 빼곡히 누워
광주 불멸의 정신은
5월의 붉은 장미로 탄생하리라 다짐하였네.

5월의 영웅들 군화발에 짓밟혀 문드러진 시체
붉은 장미로 환생한 영혼들
하늘의 구름은 눈물을 뚝뚝 흘렸다네.

회산백련지

끝도 보이지 않는 회산백련지
무안 일로사람들의 열과 정성으로 가꾼
하얀 연꽃의 기운을 잡으려 사람들이 모여드네.

10만 평이 넘는 동양 최대 군락지
전남의 보배요
동서양의 관광지가 되었네.

백련 군락지에서 신선이 나타나
오는 이를 반기며 무안의 보물
고구마, 양파, 양배추즙을 한아름 들고 나와
모두에게 나누라고 하는 것 같네.

회산 백련지는 일 년 내내 사람들 모여
한데 어울려 괴로움을 털어 내고
세례받은 듯 좋은 기분 받고
집으로 돌아간다네.

살구

대문 앞 살구꽃 양지마을 길손들
봄바람을 잡더니 어느새 누릿누릿
황금빛으로 영글었네

살구나무 지나는 길손 바쁜 걸음 멈추고
저녁노을 보듯이 살구나무 쳐다보더니
살구를 입에 물고 가는 사람도 있네

농창하게 어서어서 익어라
멀리 계신 어머니가 보내준 씨앗이
과일 노릇한다고 알리고 싶네

이름 모를 수컷새 둥지를 틀까 외쳐대면
어느새 암컷새가 달려와
주위를 맴돌다
승용차에 놀래 입맛만 다시고 창공을 차고 가네

누릿누릿 황금빛, 자태를 보는 순간
지나는 길손이여 앤돌핀 심장에 담아
고운님과 나누기 바라네.

*시작메모 : 옛날에는 새해를 맞이한 첫 과일이 살구였다.

백일홍은 어머니의 인내처럼

7월의 불볕이나 장마 중에도 밤낮없이
백일홍은 어머니의 인내처럼 피고 지네.

꽃잎은 어머니의 얼굴처럼 환하게
여름 내내 불그레한 빛 그 마음 변치 않네.

세찬 비바람이 불어도 땡볕에도
향기는 백여 일 동안 끊임없이 내어 주네.

백일홍은 애환을 억누르고 견디다 보니
화려한 자태와 향긋한 내음을 간직하였네.

향긋한 내음을 빚기까지 밤이나 낮이나
혹한과 폭우를 견뎌내느냐 인내를 마다하지 않네.

가까이 다가가 꽃송이 속에 숨어 있는
어머니의 인내(忍耐)를 볼에 비벼 보네.

4부

쑥부쟁이의 향기

쑥부쟁이의 향기

조카가 쑥부쟁이를 가져와
뜨거운 물에 삶아 내는데
쌉쌀한 내음이 콧등에 앉아
초등학교 동네 친구들이 눈앞에 아른거리네.

봄이면 하교 후 책 보따리 부리고
넓은 들판으로 달려가
누가 더 많이 캐나
시샘하던 일이 엊그제 같네.

쑥부쟁이 향기가 집안에 가득 차 있어
친구들이 들판에 쪼그리고 앉아
나물 캐며 수다 떠는 얼굴들이
주마등처럼 지나가네.

이른 봄 쌉쌀한 나물 향기
약이라고 쑥부쟁이 캐는 추억
내 고향 스무 골짜기 친구들 어디 갔을까
철부지 어린 시절이 그리워지네.

이팝나무 그늘에서

샘내 들판에 5월이면 푸른 보리가 춤을 추며
이팝나무는 하얀 쌀을 한 아름 보듬고
마을 앞에 우뚝 서 있어
사람들은 주린 배를 움켜잡았네.

우람한 이팝나무는
추운 겨울도 마다하지 않고 묵묵히
눈보라도 장마도 이겨내
모진 세월의 흔적이 있네.

이팝나무는 검은 가마솥에
쌀밥을 가득 지어놓고 모내기 한 일손들에게
고생 많지요! 시장 하시지요! 어서 드세요!
어머니의 다정한 목소리처럼 들리네.

샘내 들판에 푸른 보리가 여물어가고
이팝나무에서는 김이 모락모락 나는 하얀 쌀밥!
고소한 내음! 군침이 절로 생겨
어느 입에서도 대접받았다네.

어머니의 추억

어머니의 일기 예보는 기차 소리이다.
이양 기차 소리가 무겁게 지글지글 끓은 소리가
아마 곧 비가 올 것만 같구나! 숨을 몰아쉬며
어머니의 비설거지 손놀림이 눈에 선하네.

어머니의 애환이 설린 대궐 같은
집안에는 사람 냄새 없고
반들반들 닦았던 툇마루엔
먼지만 가득 쌓여 있네.

앞뜰 주렁주렁 달린
대봉 감나무는 보이지 않고
뒤뜰 삼밭에 고목된 단감나무엔
붉은 감이 듬성듬성 달려 있네.

지난 여름은 유난하게
두 달가량 하늘에 구멍이
났을 정도 비가 왔건만
탐스러운 열매는 주인을 기다리네.

많이 따 가거라!

깨진 것 두고
좋은 것만 가져가거라!
어머니 목소리가 귓전을 울리네.

쉰한 살 먹은 조카 재정이가
대나무로 전지를 만들어
가지를 끊어주면 뚝 두둑
감은 상처를 내며 땅에 떨어지네.

고향 집 감이라 깨진 것도
벌레 먹은 것도
새가 쪼아 먹는 것도 귀하게 여겨
흙만 털어내고 고향 맛을 먹었네.

이양역에 기차가 도착할 시간 되었나 보다
어서 봇짐 챙겨라 광주로 가야지
어머니는 쌀자루 이고 난 김칫독 이고
어머니의 애환이 오늘따라 가슴에 밀려오네.

어머니의 손길

어머니는 동네 사람에게도
장사꾼에게도 잘 되라고
빌어주며 끼니 걱정을 하셨다.

장독 위에 정화수 떠 놓고
어쨌든 건강해라! 정직해라!
자신의 일을 충실하게 해라!
남에게 베풀어야 한다며
과욕은 금물이라고 하셨다.

생일날 빌고도 설날, 추석날도
정성껏 음식 차려 놓고 또 빌어 주셨다.

건어물 이고 다니는 여수 장사에게
모기장 치고, 고슬고슬한 안방에 잠 재워주고
아침밥을 가족보다 먼저 차려주는 어머니이다.

그저 남에게도 잘 되라고 비는 어머니
먼 나라에서 당신은 찬밥
타인에게 김이 모락모락 나는
따뜻한 밥상 차리는 일 하실까?

하이얀 찔레꽃

하이얀 찔레꽃은
언덕배기에서 피고 지고
어머니의 겸손을 잊지 말라 하네.

어머니의 높고 낮은 속마음
기쁠 때나 슬픔 때
노여움을 잊지 말라 하네.

하이얀 찔레꽃은
자식 사랑하는 어머니의 내음이
솔솔 날리어 밤에도 등불 없는
언덕배기를 좇아갈 수 있다네.

찔레꽃이 피고 지는 곳은
어머니가 계시는 것 같아 멀리 있어도
가까이 달려가고 싶어지네.

어머니는 앉을 자리 설 자리 살피며
단아한 얼굴로 어르신 공경하며
찔레꽃은 어머니처럼 겸손을 닮았네.

닭죽 끓이는 날

코로나 때문에 하늘 길을 막혀
삼 년 만에 아들네 가족이 온다기에
집에서 기른 장닭을 잡았다.

그동안 풀을 뜯어다 주고
곡식을 먹이면서 정이 든 수탉이라서
끓이는 동안 간 보기가 내키지 않았다.

귀한 손녀 손자와 같이 먹겠다고
녹두, 대추, 인삼, 옻, 엄나무, 챔빗나무
넣어 고았더니 오묘한 맛이 생겨나
닭죽 내음이 거실 가득 메운다.

아들 며느리 손자 손녀와
같이 앉아 먹으니 사라져 가던
맛과 멋이 저절로 생겨 힘이 솟아난다.

온 가족이 모여 닭죽을 먹으니
가족애가 어우러져
가족의 힘이 되어 활활 타고 있어
어머님의 자식 사랑하는 마음 이제야 알 것 같다.

겨울 강

질항아리 김치 머리에 이고
어머니 쌀자루 머리에 이어
얼어있는 냇물 맨발로 차박차박
배 움켜쥐며 건너야만 했네.

청풍 땅과 이양 땅은 이마를 마주보며
서로를 위로하는 넓은 시냇물
발은 잘 익은 앵두색 물감으로
자갈밭에 앉아 양발 벗어 차디찬 물기 닦았네.

닳아진 운동화 자갈밭 절룩거리며
더 닳아질세라 사뿐사뿐 나비같이
이양기차역 대합실 앉아
모녀의 눈빛은 헤어져야만 하였네.

고향정(情)은 달콤함에서 씁쓸함으로
냇물은 큰 강을 찾아가려면
유리창처럼 얼어도
흘러가야만 하였네.

부모님을 기다리며

양내 나이 여덟 살에
먼 여행 가신 아버지는 영영 돌아오시지 못했다.
2018년 꿈에 나와 어머니와 함께 방이 춥다며
전기장판을 깔고 있는 꿈을 꾸었다.

그 후 1년이 지나자 봄이 되어 산소에 찾아가
아버지께 절을 올리고 집을 살펴보니
상수리나무들이 제 집인 양
어머니 집에까지 뿌리를 내리고 있었다.

산허리에서 허그적 허그적 숨을 몰아쉬며
상수리나무들을 캐내 잔디를 한 땀 한 땀 심을 때
콧등으로 쏟아지는 땀을 훔친
남편의 모습이 안타까웠지만
부모님이 자식 키울 때
사랑과 고통만큼은 비교할 수 없었다.

부모님 집을 하루라도 빨리
따숩고 시원하게 해드려야 했었는데
너무 늦어 죄송한 마음이 사라지지 않았다.

"아버지 나 미국 유학 보내 훌륭한 사람 만든다 하셨죠.
왜 아직도 소식이 없나요.
아버지의 후손들이 각자 하는 일에
최선을 다해 충실하고 있어요.
아버지가 도와주신 덕분이라 믿고 있어요."

정성껏 부모님 집을 손봐 드리니
뿌듯하고 별장 한 채 사드린 기분이 들었다.
부모님 집을 건성으로 살피어 눈이 멀어
이제야 보이니 부끄러웠다.
"부족한 딸 용서하십시오." 남편과 절을 하였다.

꽃신

아버지는 넘어져 무릎 상한다고
꽃신을 사 주시지 않아
남자 신발 하얀 반구두만 사주어
꽃신 한 번 신어 보는 게 소원이었어요.

친구들 꽃신을 신어 보면 하늘을 날 것 같아
하늘 높이 널을 뛰는 것처럼
키가 마구 커가는 것처럼 느껴졌지요.

꿈에라도 꽃신을 사 주실 줄 알았는데
기다려도 끝내 사주시지 않았지요.

가죽 부츠가 유행일 때
큰 오빠한테 부츠 한 켤레 원했더니
공기가 안 통해 발이 썩는다고 호통을 쳐
부츠 신은 사람들 뒷모습으로 신어 보았지요.

지금은 파릇파릇 새싹 돋은 소리
무성한 숲이 타는 소리, 낙엽 뒹구는 소리,
눈 속을 뽀득뽀득 더듬은 발자국소리를
아버지의 추억으로 삼아 신겠어요.

메주꽃 이야기

손끝 시린 날 콩을 삶아 확독에 절구로 찧어
요리조리 빚어 하루 지나 굳어 있어
짚으로 엮어 건조대에 매달았더니
자식들 새 옷 갈아입힌 양 옹골지네요.

며칠 지나 메주 냄새가 진동하여
손자 녀석은 코끝을 쥐고
할매는 이 냄새가 나야 간장 된장 되는 거야
갈라보니 푸른곰팡이 꽃이 피어 있었네요.

TV에서 추운 날 아름다운 꽃을 보여 주겠다고
지방마다 뜨거운 공약을 내놓았지요.
보이는 꽃만 보지말고 보이지 않은 꽃도 볼 줄 아는
지혜가 있어야 하지 않을까 싶네요.

눈에 보이지 않은 푸른곰팡이 꽃이야말로
인간의 몸에 약이 되고
면역력을 길러주는 으뜸의 꽃
아름다운 아주 멋진 꽃이라네요.

손자의 기도

산짐승에게 두 마리 토끼의 목숨을 빼앗기고
한 마리는 죽었을까! 어디서 살고 있을까!
손자는 토끼가 묻혀 있는 곳에 봉분을
두 곳에 어른 주먹만하게 만들었다.

분꽃이 흐드러지게 피어 있어
향긋한 내음은 사방으로 바람을 타고
집 나간 놈이 가족의 무덤을 찾을 것을 기다렸다.

손자는 나무판 위에 '토끼 여기 잠들다'라고
연필로 써서 비목을 세워놓고
집 나간 놈이 돌아올까 봐 까치발로 서성이며
하이얀 분꽃 두 송이를 놓아두고 기도를 하였다.

"친구야 좋은 데로 가라"
아이는 밭에 갈 때마다 토끼의 무덤에 기도하였다.

어머니의 낡은 대바구니

시어머니한테 물려받은
낡은 대바구니에 청국장을 띄우려고
1박 2일 이불을 덮어 놓았더니
냄새가 어머니 품속처럼 구수하다.

외손자와 같이 청국장을 열어 주걱으로 저었더니
명주실 같은 실끈이 연달아 나온 것을
손자와 마주 앉아 나도 한 입 너도 한 입 먹었다.

바구니 손잡이는 너덜너덜
바닥은 피골이 상접한 노인의 얼굴처럼
삭은 바구니 안 청국냄새는
어머니의 숨결이 품어나는 듯하다.

낡은 바구니의 모습은 어머니의 빨갛게 언 손이
겨울철에 배추, 무, 파, 갓, 홍시를 담아내는 것처럼 보인다.

낡은 대바구니 안엔 여인네의
명주실 같은 인연의 끈이 이어지며
살아온 세월의 향기가 묻어나
고통이 익어가는 것처럼 가슴에 새긴다.

한복을 손질하며

아이들에게 옛날
훌륭한 일을 하신 분들의 이야기를 외워
한복 속에 넣어 가면 이야기가 술술
나올 생각을 하니 재미가 넘쳐난다

한복을 다리미질 할 때
아이들에게 상상력을 심어 줄 것을 생각하니
정숙한 마음가짐과
포근하고 따뜻한 생각이
눈앞에 달려든다.

한복을 입는 자신이 흐트러진 생각이나
행동을 삼가고 마음이 즐겁고 편해서
날마다 입고 싶어진다.

하얀 저고리 노란 저고리 빨간 저고리 속에서
따뜻한 감동의 사랑 이야기를 들려주면
아이들에게 지혜와 용기, 웃음 주머니가
주렁주렁 달려 전달 될 것이다

이름없는 악기

비 오는 날 비닐하우스에서
우두둑 우두둑
빗소리가 어느 악기에서 나오는
음률 같아 한없이 있고 싶었다.

옛날엔 숯불에 냄비 올려
지금은 전기후라이팬
어른들 전 지지는 솜씨 보며 아이들이 빙 둘러앉아
서로 빨리 달라하는 모습 눈에 선하다.

양파와 풋고추, 방화잎을 숭숭 썰어
밀가루, 계란 넣어 지져
맛이 오묘해 지나가는 길손에게
'먹어봐야 알 수 있다' 라고 하고 싶다.

비닐에 튕기는 우두둑 우두둑
빗소리는 이름 없는 악기
전이 익어가는 소리와 합창을 하니
심란했던 마음이 차분해진다.

빗소리

빗소리가 삼경의 꽃잠을 깨웠지만
하늘에서 천사가 내려와
사랑을 치마폭에
가득 담아 주는 듯하네.

목마른 나무들은
천사가 보낸 사랑을
이웃과 같이 품으며
서로서로 나누어 마신다고 하네.

빗소리를 품은 나무들은
세상을 다 가진 양 어깨가 으쓱
인정 넘치는 할아버지처럼
나눔의 행복을 마다하지 않네.

성낸 나무, 슬픈 나무, 외로운 나무
서로 천사의 사랑을 품으며
봄은 빗소리를 봄은 빗소리를
그리워하네.

접시꽃은 병사들처럼

불볕더위에 자리 탓도 없이
휴전선 지키는 병사처럼
미동도 없이 불평이 없네.

접시꽃은 가뭄이 들어도
물을 주세요 소리도 없이
덕수궁 근위병처럼 꼼짝하지 않네.

불볕 아래 총을 메고 덥다 더워
휴전선 철조망 앞 병사처럼
꿋꿋이 서서 한사코 빨강, 분홍, 하얀
환하게 꽃을 피워 내네.

접시꽃은 젊은 병사처럼
불볕 아래 총을 메고 참고 견디며
또록또록 눈을 뜨고 있어
병사들의 꽃이라고 부르고 싶네.

잔대꽃은 피고 지고

연약한 줄기에 잔대꽃은 피고 지고
꽃인가 열매인가 했더니
여인네의 속마음을 울리는 꽃이었다.

시그널로 사위어 가는 몸매는 향을 내어주지 않고
꽃잎은 소리소문 없이 피었다 지는 꽃이다.

도라지와 더덕은 진한 향기를 품어 내는데
잔대는 힘이 있는 듯 없는 듯 순해 빠져 있다.

잘난 체도 못 하고 못난이처럼
누가 뭐라 해도 자신의 할 일
여인네의 역할을 제대로 한다.

만져 보면 단단한 것도 아닌 지푸라기처럼
부드러우면서 모진 것이 약이 되겠다하여
한 계단 뛰어넘어 보약이 되어 주련다.

순한 자가 이기는 자라고 했던가!
줄기며 꽃잎과 뿌리도 순한 것이
여인네의 손끝 발끝까지 다스려 준다는 것이다.

지리산 바래봉의 철쭉

봄이면 어두운 터널을 지나
밝은 바래봉에 앉아 있네.

관광객들 모여들어 와아! 와아! 환호성
닫혀있던 가슴을 활짝 열어보네.

지리산은 반란군의 토굴
죄 없는 백성을 잡아다 피 흘리게 하였네.

죽은 백성의 넋처럼 지리산에 누워
자나깨나 백성의 한을 풀어주려 하네.

못다 핀 꽃망울 넋은 한이 되어
붉은 치마 봄바람에 날리며 유가족을 불러보네.

철쭉으로 환생하여 밤낮으로 바래봉을 지키며
피고 지고 가족의 얼굴을 그리워하네.

구절초

산과 들에 절로 핀 흰 꽃송이
높은 하늘 가을바람에
산들산들
어머니 같은 순결한 몸놀림이네.

곱게 단장한 단아한 얼굴
가냘픈 허리
쌉쌀한 향기 가진
구절초 눈빛은 밝기도 하네.

깊어가는 가을밤에
한 많은 여인은
쓴디쓴 차에 괴로움 씻어
가난아이 울음소리 얻었네.

가을바람 타고 오기까지
산고의 고통 품어
어머니 이름 석 자 새겨준
삼신할머니는 구절초라네.

합환수(合歡樹) 옆에서

아침 일찍 농장 문을 열고 들어서면
합환수 나뭇잎이 날개를 펴고
꽃잎의 향기는 싱그러워 가까이 가고 싶어진다.

새색시 얼굴에 연지 곤지
찍은 것처럼 발그레 웃고 있어
한참 바라보다가 나도 연한 미소를 짓는다.

갑자기 먹구름이 몰려와 소낙비가 쏟아지더니
합환수가 활짝 핀 날개를 오므리는 것이
서로 보호 하려는가 싶다.

신랑 신부가 서로 아끼는 것처럼
소곤소곤 대는 향기를 품으며
소낙비가 오면 우산이 되고
찬 이슬이 내리면 이불이 되려 한다.

싱그러운 향기를 가진 나무는
욕심 없이 금실 좋은
마음가짐으로 사는 부부처럼
합환수를 보니 숙연해진다.

광대나물의 이야기

봄인가 했지만 흰 눈이 펄펄 날리는 날
광대나물은 웅크리지도 않고
고물고물 일하고 있네.

쬐그마한 꽃 못난이 나물
이른 봄날 약이 되는 나물 뜯어와
된장국으로 먹었던 나물
군락을 이루고 있어 평온해 보이네.

추운 날도 쉬지 않고
게으른 사람에게 부지런히 일하자고
일깨워 주는 것처럼 보이네.

배고픈 사람이 있으면 식량을 가져다주고
서로가 힘을 보태며
오순도순 지내는 사람들처럼 모여 있네.

혼자보다 여럿이 힘을 모아
화려한 빛으로 약을 만드는 나물
추운 날 일하는 대가
보랏빛을 화사하게 만들어 주었네.

별빛 아래 국화 송이

밤하늘 별들은 초롱초롱
국화 송이 찾아온 관객들을
환영이라도 하는 듯 속삭이네.

별빛 아래 아름다운 몫을 탄탄히 해낸 국화 송이는
눈을 크게 뜨고 인연 찾아
못다 한 사랑 이야기 나누고자 하네.

찾은 인연은 사랑한다고
국화 송이에 훌훌 털어 놓더니만
천근만근 된 돌덩이 같은 발걸음은
깃털처럼 가벼워지네.

별빛 아래 국화 송이 반기는 관객들은
초가집 툇마루에 걸터앉아
옛 추억을 사진기에 담아보네.

별빛 아래 국화 송이송이
아름답다고 찾아온 사람의 가슴은
더 아름답다고 하였네.

바위가 나무를 품다

만연산엔 바위가 상수리나무를 품어주고
난초, 지초는 땅이 품어 그늘에서 잘 자라네.

바위에 상수리나무가 우뚝 서 있는 모습
눈짐작으로 보아 100년 이상 세월의 몸집
견디어내는 것으로 보이네.

흙도 물도 없는 바위가
상수리나무를 품어 주는데
가을엔 다른 나무는 어찌 겨울을 보낼까
바위에 똬리를 튼 나무는 끄떡없이 보낼 수 있다고 하네

나무는 바위에서 세상 사는 것을 뽐내지만
바위는 상수리나무를 밀어내지 않고
어쨌든 같이 살자 내가 힘들어도
좋은 부모가 되어 주겠다고 다짐하며 지내네.

꽃을 바라보며

꽃이 꽃을 피우는 것은
추위와 더위 바람 때문이다.

뙤약볕에 타들어 가는 가뭄
그것들의 힘으로
가장 아름다운 꽃의 언어를 내미는 것이다.

꽁꽁 언 땅 속에서의 어둠을 견뎌내어
마침내 하얗고 노랗고 붉은
부드러운 언어로 말을 거는 것이다.

눈에 보이는 꽃만 보지 말고
시련 속에서 마련한 꽃을 바라보면
사람도 꽃이 될 일이다.

서정 양식의 개성과 실존, 그리고 애향의 노래

강 경 호
(시인 · 문학평론가)

1.

서정시는 인간의 삶을 반영한다. 특히 서정 양식은 삶의 희로애락에서 마주치는 정서적 감응을 노래한다. 사람과 사람 사이에서, 사람과 자연 사이에서 일어나는 정서적 사건을 시의 형식을 빌어 시인 자신의 감정을 형식화한다. 그러므로 시적 제재나 주제는 인간의 일상일 수밖에 없다. 이 일상 속에의 경험은 오래 시인의 내면 깊숙이 축적되어 있다가 어떤 계기로 시적 발화를 하게 된다. 일상의 경험은 사람마다 다르고 그것을 이해하는 방식도 다를 수밖에 없다. 바로 이 지점에서 시인만의 독특한 시적 개성을 발할 수 있고 그 개성이 시적 감흥으로 나타난다.

구판순 시인은 오랜 세월 동안 함께해온 문학적 동지로서, 인간적인 따스함을 느껴왔다. 이번 시집 『꽃들의 이야기』를 통해 그의 시인으로서가 아닌 인간으로서의 내면의 정신지리를 접할 수 있게 되어 반갑다.

구판순 시인의 시 또한 앞에서 밝힌 것처럼, 시인만의

시적 개성을 드러내 보인다. 이제 노년의 시간을 맞고 있는 그의 시적 정조는 목소리가 비교적 잔잔하다. 격렬하고 충동적인 정서가 아니라, 오래 경험한 것들을 차분하게 독자들에게 들려준다.

구판순 시인의 시집은 1부에서 삶의 모습과 존재 방식에 관한 시인의 실존을 보여주고, 2부에서는 소소한 일상에서 만나는 식물을 통해 강인한 생명성을 탐구하고 있다. 3부에는 대부분 그가 나고 자란 고향을 서정적으로 노래한 시편들로 꾸며져 있다. 4부는 시인의 가족에 대한 그리움과 사랑을 형상화한 것들이다. 구판순 시인의 이번 시집은 목소리가 차분하고 정조가 수다스럽지 않아 독자들에게 설득력을 갖게 하고 공감에 이르게 하고 있다. 이러한 시적 세계에 이르기까지는 시적 상상력만으로는 다가갈 수 없는 오랜 세월 시인의 내면에 축적된 삶의 원리와 지혜로만이 가능하다. 그러므로 그의 시는 관념보다는 삶의 구체성을 띠고 리얼리티가 짙은 성격을 보여주어 진정성을 갖고 있다. 그리고 그의 시의 형식은 평이하면서 끈끈한 친화력을 갖고 있어 독자들을 가까이하게 하는 힘을 가졌다.

2. 존재 방식의 모색

인간은 살아가면서 수많은 일을 겪게 된다. 기쁜 일도 있을 것이고 슬픈 일도 겪게 된다. 이러한 과정에서 일어나는 감정을 시인은 정제된 언어로 보다 인간다운 삶이 어떤 것인지를 사색하게 된다. 이러한 결과물이 서정시이다. 누군가로부터 상처받았다고 분노하고 적개심만을 갖는다면 그것은 감정 소비밖에 안 된다. 그러므로 시인의 언어는 정제되고 감정을 다스릴 줄 알아야 한다. 이것이 인간과 동물의 변별력이며, 시인의 책무이다. 이렇듯 시인은 일상에서 만나는 체험을 여과시키는 장치를 가짐으로써 보다 깊은 정신적 차원의 언어를 통해 자신의 정신세계와 정서를 형상화한다.

이번에 펴낸 구판순 시인의 두 번째 시집은 꽃과 사람에게서 느낄 수 있는 서정의 의미를 함축하고 있다. 그래서 그의 시적 지향을 말해주는 '서시' 「꽃들의 이야기」는 구판순 시인의 시의 방향성을 짐작하게 한다. '꽃을 피우는 것은 추위나 더위, 그리고 바람' '뙤약볕'과 '가뭄', '그것들의 힘으로' 꽃을 피우는 것이라고 하였다. 이렇듯 시련 속에서 마련한 꽃을 바라보며 사람도 절망에 빠졌을 때 "겨울 나목을 떠올리면" "희망을 가슴에 품어볼 것이"라고 한다. 이처럼 강인한 생명성을 통해 인간이 나아갈 길을 제시하고 있다. 이러한 구판순 시인의 시적 정신과 그의 시가 지향하는 방향성은 이 시집 전체를 관통하고 있다.

구판순 시인의 삶이 나아가고자 하는 시 정신을 담아내고 있는 「길을 걷다」는 인간의 삶을 '길'로 설정하여 길에서 부딪치는 예기치 않은 시련을 극복하고자 하는 시인의 의지가 분명하게 나타나 있다.

어제도 오늘도 걷다 보면

잘난 사람 못난 사람 앞뒤로 부대끼며
몽실 돌, 칼날 돌, 큰 돌, 자갈들이
발길에 부딪혀 뜻하지 않게 성가시게 한다.

크고 작은 몽실 돌과 칼날 돌에
발가락이나 발뒤꿈치에 밟혀 넘어져
무릎과 손바닥 얼굴에
상처를 내기도 한다.

용기를 내어 벌떡 일어나
주변에 있는 야생초나 쑥을 뜯어
상처에 묻는 모래나 흙을 털고
앞을 보며 뚜벅뚜벅 걷는다.

왜 넘어지게 되었는가! 무엇 때문에 피를 보았는가!
무엇을 염두에 두지 않았는가!
칼날 돌을 발부리에 어째서 부딪치게 되었는가!
이때 지혜와 용기를 내 몸에 담아 걷는다면 어떨까!
-「길을 걷다」 전문

'인생'을 흔히 '길'로 의미화한다. 실제로 길을 걷다 보면 "잘난 사람 못난 사람 앞뒤로 부대끼며" 살아간다. 잘나거나 못났어도 모두가 나름대로 자신만의 길이 있기 마련이다. 그 길에는 "몽실 돌, 칼날 돌, 큰 돌, 자갈이/ 발길에 부딪혀 뜻하지 않게 성가시게 한다." 이러한 시적 기표(基表)가 함의하는 것은 '인생길'이다. 인생길에서 뜻하지 않게 사람으로부터 상처를 입어 마음을 상하는 일이 있다. 어린 시절 길을 가다 돌부리에 넘어져 무릎에 상처를 입어 피를 흘린 적이 있을 것이다. 시인의 시적 자아인 화자는 이러한 사건을 그저 육체적인 상처만으로 보지 않는다. 인생길에서 누군가로부터 마음의 상처를 입었다고 말하는 것이 시적 기표 이면에서 내면화되고 시적인 의미인 정신적 고통을 의미한다. 상처를 입었지만 "용기를 내어 벌떡 일어나" "뚜벅뚜벅 걷는다"고 화자는 말한다. 상처를 극복하는 방법, 즉 화자의 실존 방식을 들려준다. 그러면서 화자는 자신이 "왜 넘어지게 되었는가?" "발부리에 어째서 부딪치게 되었는가?"를 통찰한다. 시련을 극복하며 자신의 길을 가는 것이 삶의 보편적인 방식임을 말한다. 상처를 입었는데 좌절하지 않고 꿋꿋하게 길을 가는 화자의 태도에서 강인한 의지를 읽을 수 있다.

「땡볕 아래서」는 지극히 일상적인 정서적 사건을 통해 삶의 기쁨을 노래하고 있다.

> 30도를 오르내리는 무더운 날
> 남편은 캠핑카 타고 다니는
> 친구 이야기를 꺼내면서
> 부지런히 밭고랑을 치고 두둑을 만드네.
>
> 강렬한 땡볕 아래 땅에서 일하기가 힘들지만
> 오후 3시에 비가 온다고 하니 부지런한 손놀림
> 이런 날 땀 흘리지 않으면
> 수확의 기쁨을 맛볼 수 없다 하네.
>
> 눈가의 땀을 훔치며, 물을 뿌려주며,

고구마 순을 땅에 묻으며
이런 일이 신선 놀이라 생각하니
마음이 편안해지네.

땡볕 아래 땀 흘리는 대가가
캠핑카 타고 다니는 재미처럼
가을 끝자락 토실토실한 고구마
지인과 나누는 재미가 있다 하네.

-「땡볕 아래서」 전문

앞에서 보여준 것처럼 서정시의 양식은 상처와 절망 속에서도 이에 굴하지 않고 자신의 삶에 충실한 모습을 보여주는 시의 형식이며 정신적 태도를 드러낸다. "30도를 오르내리는 무더운 날"이면 모두가 시원한 그늘에서 쉬고 싶은 것이 인간의 본능이다. 남편의 친구는 "캠핑카 타고" 유유자적 인생을 즐긴다. 그럼에도 불구하고 화자와 남편은 무더운 날 땀을 뻘뻘 흘리면서 "부지런히 밭고랑을 치고 두둑을 만"든다. 캠핑카를 타고 다니는 것과 밭고랑 두둑을 만드는 일을 서로 대비시킨다. 누구나 농사일을 하지 않고 캠핑카를 타고 다니고 싶어 하겠지만 화자는 "강렬한 땡볕 땅에서 일하기가 힘들지만/ 오후 3시에 비가 온다고 하니 부지런한 손놀림"을 한다. 비가 내릴 오후 3시라는 물리적인 시간에 쫓겨 삽질하는 화자와 남편은 몸이 고되고 무더위에 시달리면서도 힘든 일을 선택한 것은 "이런 날 땀 흘리지 않으면/ 수확의 기쁨을 맛볼 수 없"기 때문이다. 기꺼이 힘든 일을 하는 화자와 남편은 "눈가의 땀을 훔치며, 물을 뿌려주며,/ 고구마 순을 땅에 묻"는 실제로는 무더위와 싸우고 고된 노동에 시달리면서도 오히려 "이런 일이 신선놀이라고 생각"을 고쳐먹으니 "마음이 편안해"진다. 이러한 노동의 대가가 "캠핑카 타고 다니는 재미처럼/ 가을 끝자락 토실토실한 고구마"를 남들과 나누어 먹을 수 있는 기쁨이 될 수 있을 것이라는 화자의 생각 때문이다. 노동의 대가를 남들과 고구마를 나누는 재미라고 인식하는 화자의 정신적 깊이와 넓이가 서정시가 추구하는 본령이다. 그러므로 시인이 이 작품에서 보여주는 시 정신이 그의 시를 훨씬 품격 있는 작품으로 승화시키고 있다.

「호미질 하는 재미」 또한 「땡볕 아래서」처럼 힘들지만, 노동의 즐거움을 묘파하고 있다.

무더위 속에 호미질을 하며
잡초를 제거해야만
고구마가 쑥쑥 자라나
튼실한 알맹이가 눈에 선하네

잡초를 뽑아내며
누님댁, 큰댁, 조카, 친구들 나눌 생각 하니
호미질하는 어깨 아픈 줄 모르고
땀은 등줄기에서 미끄럼 타네.

땅은 허락 명령이 내리면
예쁜 구름이 뭉게뭉게 손짓해도
산들바람이 나무 그늘에 쉬어가라 해도

땅에 무엇을 심을 것인가 깊은 생각을 해야 하네.

조금이라도 방심하면 잡초만 무성할 것이며
호미질하는 재미 앞세워 가면
하늘과 땅의 인심은 가까이 올 것이고
고구마 캐서 나누는 재미, 이 세상 다 가진 것 같네.

-「호미질 하는 재미」 전문

농사를 짓는 일은 몹시 힘든 노동이다. 여름날 무성하게 금방 자라는 잡초를 제거하면, 또 어느새 잡초가 자라기 때문에 끊임없는 정성을 들이지 않으면 안 된다. 그리고 자본의 논리인 교환가치로 농사를 따지면 농사짓지 않고 시장에서 농산물을 사 먹으면 편한 경우가 많다. 그럼에도 불구하고 화자는 "무더위 속에 호미질 하며/ 잡초를 제거"하는데 게으름을 피우지 않고 열심히 잡초를 뽑아 "고구마가 쑥쑥 자라나/ 튼실한 알맹이가 눈에 선하"다. 이러한 즐거움으로 시적 화자는 고된 노동을 마다하지 않는다. "잡초를 뽑아내며" "누님댁, 큰댁, 조카, 친구들 나눌 생각하니/ 호미질하는 어깨 아픈 줄 모르고/ 땀은 등줄기에서" 흘러내린다. 이 대목에서 이 작품의 시적 자아인 구판순 시인의 인간 됨됨이와 성품을 짐작할 수 있다. 자신이 지은 농사의 결과물인 수확의 기쁨보과 함께 가까운 사람들과 그것을 나누는 기쁨을 즐기는 사람이다. 이러한 시인의 인간성이 그대로 시 속에 투사되어 있다. "땅은 허락명령이 내리면/ 예쁜 구름이 뭉게뭉게 손짓" 하고, "산들바람이 나무 그늘에 쉬어 가라"한다. 그러나 시적 화자는 "땅에 무엇을 심을 것인가 깊은 생각을" 한다. 주지하다시피 대지의 신(神)인 가이아(Gaia)는 주고 베풀기만 하는 모성성을 지닌 존재이다. 어머니처럼 모든 것을 내주는 희생을 베푼다. 농경민족인 우리 민족이 가을 풍년을 기원하며 열심히 일하는 모습을 구판순 시인의 시 정신에서 읽을 수 있다. 그리고 "조금이라도 방심하면 잡초만 무성할 것이며/ 호미질하는 재미 앞세워 가"는 부지런한 모습에서 선조들의 정신을 쏙 빼닮았다. 또한 "하늘과 땅의 인심은 가까이 올 것이고"에서 읽을 수 있는 것은 농사라는 것이 혼자 열심히 일해서 되는 것이 아니라 '하늘'과 '땅'이 허락해야 풍요로운 수확을 할 수 있다는, 하늘을 우러르고 땅을 섬기는 농경민족의 유전자를 닮았다. 아직 잡초를 매느라 호미질하는 화자는 벌써 가을날 수확을 생각하며, "고구마 캐서 나누는 재미, 이 세상 다 가진 것 같네."에서 짐작할 수 있듯이, 인간의 삶은 번거롭고 때로는 고되지만, 그러나 이러할 노력의 결과는 수확과 나누는 재미라는 인식을 가지고 있다.

이 밖에도 구판순 시인의 실존의 방식을 들여다 볼 수 있는 작품으로는 "아름다운 것은/ 예쁜 꽃잎과 향기보다/ 사람의 행동과/ 사람의 향기"(「사람의 향기」)라는 인식을 보여주는 작품과 "부처님은 부지런하고 겸손한 자에게/ 비춰 준다"(「보림사 석등」)에서 앞에서 살펴본 노동의 기쁨을 노래한 시편들과 그 정신이 맞닿아 있다. 또한 "작지만 가냘픈 메밀꽃은/ 검약과 절제가 묻어나/ 청렴한 선비의 정신을 닮았네."(「선학동 메밀꽃을 보며」)에서는 검약과 절제로 생활하는 선비정신을 드러내 보이고 있다.

3. 생명성 탐구

산업혁명 이전 인간은 자연과 어느정도 균형을 이루며 공존하였다. 그러나 그 이후, 특히 자본주의 시스템으로 작동하는 현대에 와서는 자연을 탐욕의 대상으로 인식하여 인간과 자연의 조화로운 공생은 철저하게 깨지고 말았다. 인간 중심적인 근대관은 물질적 풍요를 구가하며 소비에 열을 올리고 있다. 소비가 미덕인 시대이다. 그러나 '소비'의 대상이 모두 '자연'인 까닭에 자연 환경이 회복 불가능할 정도로 훼손이 되고, 상처로 얼룩진 자연은 인간에게 폭우, 홍수, 가뭄, 태풍, 혹서, 혹한, 폭설 등의 현상으로 혹독하게 보복하고 있다. 이러한 시대에 구판순 시인은 앞에서 보았듯이 농경사회의 삶의 방식과 검약·청렴을 실천하고 있다. 그의 눈에 생태환경의 파괴를 바라보는 마음은 몹시 아플 것이다.

> 강물 따라 하나둘 비닐 조각들이 바다에 모여들고
> 논밭에는 잡초에서 벗어나고 싶어
> 전답에 비닐을 사용 안 하면 살 수 없는 세상으로 변해가고 있다.
>
> 옛날엔 시장에서 생선을 지푸라기에 묶어
> 시장바구니에 담아 이고지고 나르고.
> 헌 교과서로 봉투 만들어 고춧가루를 담고

생선을 싸서 들고 날고 해도 불편하지 않았다.

왜 일회용 비닐을 사용하여
푸르고 넓은 바다까지 몸살을 시키는가!
바다거북은 비늘빨대로 콧구멍이 막혀 질식해 죽었다
우리 후손의 코에 송곳을 찌르는 것 같아 아찔하였다.

논밭에서 나온 비닐을 몰래 태워 숨쉬기가 힘들고
소각장 옆에 기르는 개는 불임이 되었다고 하니
사람의 불임과 임신을 깊이 생각할 일이다.

-「불임과 임신」 전문

전통적인 우리 민족의 생명관은 삶을 통해 직접 실천하였다. 앞에서 지적한 것처럼 자연을 훼손하지 않고 함께 살아가는 동반자로 인식하였는 바, 이른바 '민속적 생태관'을 통해 인간조차 자연의 일부로 여겼다. '고수레'를 통해 무덤 주변에 살아가는 생명체들은 물론, '까치밥'을 통해 자연과 나눔을 실천하였다. 그런데 고도로 과학문명이 발달한 오늘날, 인간은 풍요로움을 구가하며 함부로 자연을 소비재로 인식하고 있다. 인간이 먹고 사용하고 버린 쓰레기들은 비가 오면 모두 강으로 흘러들어 비닐, 스티로폼, 가전제품 등 헤아릴 수 없이 많은 쓰레기들이 바다로 몰려들어 오염시키고 있다. 특히 잡초가 자라는 것을 막기 위해 비닐을 사용하다 보니 전답에는 비닐 천지여서 비닐을 사용하지 않으면 농사조차 안되는 시대가 되어버렸다. 민속적인 삶을 살던 과거에는 "시장에서 생선을 지푸라기에 묶어/ 시장바구니에 담아 이고지고" 날랐다. 검약이 미덕이던 그 시대엔 "헌 교과서로 봉투 만들어 고춧가루를 담고/ 생선을 싸서 들고 날고 해도 불편하지 않았다". 그때는 과학의 한계 때문에 생활이 거기에 머물렀지만, 그렇다고 해도 일회용 비닐을 함부로 사용하면서도 그것이 당연하다고 생각하는 오늘날 같지는 않았다. 비닐이 아니면 일상이 마비될 정도가 된 오늘날, 비닐은 우리 삶의 한가운데에 놓여있다. 이러한 시대에 시적 화자는 그 옛날을 생각하며, "왜 일회용 비닐을 사용하여/ 푸르고 넓은 바다까지 몸살을 시키는가!"라고 절규하고 있다. 보다 구체적인 사례로 "바다거북은 비닐 빨대로 콧구멍이 막혀/질식하며 죽었다"고 지적하며, 인간의 무분별한 비닐 사용에 대해 비판하고 있다. 바다거북이 비닐에 질식사한 것을 보며 "우리 후손의 코에 송곳을 찌르는 것 같아 아찔하였다."고 아프게 고백한다. 논밭에서 사용한 비닐을 수거해 몰래 태우니 숨쉬기가 힘들고, "소각장 옆에 기르는 개는 불임이 되었다"며 "사람의 불임과 임신을 깊이 생각할 일이다."고 인류의 미래를 걱정하고 있다. 실제로 기후변화는 농사에 아주 중요한 역할을 하는 벌과 나비가 사라지고 있다. 그러므로 이 작품은 아이뿐만 아니라 지구가 불임의 시대를 맞을지도 모른다는 경고를 하는 것이다.

「도라지꽃 옆에서」는 3년차에 이르고 있는 코로나19의 대전염 사태에 대한 우려와 인간의 탐욕, 그리고 도라지꽃을 통한 생명성을 노래하고 있다.

아낙들이 콩을 심고 싹이 나면
잡초를 뽑고 허리를 펴
아이구 허리야 하늘을 볼 때
도라지꽃이 가슴으로 들어오네.

구름은 뭉게뭉게
네 마음도 함께 떠가고
도라지꽃은 금세 꽃망울 빚더니
보라색 흰색으로 꽃잎을 펼쳐보네.

도라지꽃은 코로나 바이러스19로
병실에 누워 치유를 기다리고
완쾌에 온 힘을 기울이는
의료진에게 희망을 주네.

산들바람은 기다려도 오지 않고
찜통더위가 힘들게 할 때
도라지꽃은 폐 기능에 도움을 준다며
활짝 웃고 있네.

-「도라지꽃 옆에서」 전문

서정시는 어떤 정황을 통해 정서와 메시지를 전달하는 문학 양식의 갈래이다. "아낙들이 콩을 심고 싹이 나면/ 잡초를 뽑고 허리를 펴" 하늘을 바라보니 눈에 도라지꽃이 보인다. 이러한 풍경은 시인의 주관적인 생각과 감정이 개입하지 않고 카메라로 어느 순간을 포착한 듯한 정황이다. 하늘엔 뭉게뭉게 구름이 떠가고 도라지꽃은 보라색과 흰색의 꽃잎을 펼친다. 이 또한 시적 화자의 감정 개입이 없는 한가로운 풍경으로 사실적인 표현일 뿐이다. 이후 시적 화자는 도라지꽃에 대한 사색을 펼쳐간다. COVID19가 한창 유행 중인 상황에서 도라지는 "병실에 누워 치유를 기다리고" 있는 환자는 물론 "완쾌에 온 힘을 기울이는/ 의료진에게 희망을" 준다. 도라지는 폐 기능 강화에 좋은 것으로 알려진 한약재인데, "산들바람은 기다려도 오지 않고/ 찜통더위가 힘들게" 하는 힘든 환경을 극복하고 자란 도라지이기 때문에 더욱 건강에 좋다는 것이다. 아낙들이 심고 자란 콩밭의 잡초를 매며 허리가 아파 허리를 펴면 눈에 들어와 위로해주는 도라지의 생명력을 통해 화자는 COVID19로 고생하는 환자에게 도라지가 힘이 되어줄 것이라는 아름다운 마음을 드러낸다.

「쪽파의 이야기」에서는 혹한의 시간을 보내고 푸르게 자라는 쪽파의 생명력에 대해 노래하고 있다.

> 찬 바람이 일어나는 계절에
> 쪽파 씨앗을 땅에 묻으면
> 금세 파릇파릇
> 귀여움을 떨고 얼굴을 내민다
>
> 다른 식물들은 추위를 못 견디는데
> 쪽파는 한파가 몰려와도 차디찬
> 눈이 쌓여도 모양새며 맛과 향기를
> 그대로 지닌 채 혹한을 견디어 낸다.
>
> 3월에 쪽파를 뽑아 이집 저집 보내며
> 새색시처럼 매끄러운 몸매

달큰한 맛 향기는 진해져 완성된 작품이다.

쪽파를 뽑아 주겠다고 약속한 날 찬바람은 쌩쌩 불어
우리의 마음을 저울질이라도 하는 양
흰쌀 같은 우박이 우두둑 떨어지지만
따뜻한 식탁으로 갈 것을 생각하니 즐거움이 더해진다.
-「쪽파의 이야기」 전문

춘하추동이 분명한 우리나라에서는 봄날 새싹이 트고 여름날은 무성하다가 가을이 되면 조락하여 마침내 겨울이 되면 생명체들은 생장 활동을 멈춘다. 그런데도 "찬바람이 일어나는 계절에/ 쪽파 씨앗을 땅에 묻"는다. 물론 겨울을 잘 견디는 쪽파의 생태적 특성 때문에 찬바람이 일 때 쪽파를 심지만, 시적 화자는 바로 이 점에 주목한다. 곧 겨울이 다가오면 바람은 매서워지고 눈이 내리겠지만, 쪽파는 "파릇파릇" "얼굴을 내민다". 날씨가 추운 겨울이 되면 나무는 나뭇잎을 떨구고 벌레들은 땅속으로 기어들어가 따스한 봄을 기다리지만 쪽파는 "한파가 몰려와도 차디찬/ 눈이 쌓여도 모양새며 맛과 향기를/ 그대로 지닌 채 혹한을 견디어 낸다." 인용한 대목은 쪽파의 생태적 특성을 그대로 기술하고 있다. 그러나 쪽파의 성품을 통해 시련을 극복하는 힘을 드러내고 있다. '추위'가 쪽파를 단련시키고 마침내 "새 색시처럼 매끄러운 몸매" "달큰한 맛 향기"를 갖게 한다. 화자는 이 대목에 마음이가 닿는다. 물론 쪽파를 이웃에게 나눠주는 화자의 기쁨과 즐거움도 이 시가 보여주는 주된 메시지이지만, "찬바람은 쌩쌩 불어" "흰 쌀 같은 우박이 우두둑 떨어지지만/ 따뜻한 식탁으로 갈 것을 생각하니 즐거움이 더해진다". 쪽파가 지닌 생명력을 통해 누군가를 즐겁고 행복하게 해 줄 수 있다는데 시적 메시지가 있음을 갈파하고 있다.

살펴본 것처럼 구판순 시인의 생명성을 탐구하는 작품들은 생태환경의 파괴와 이로 인한 생명성이 왜곡되는 것과 시인 자신이 직접 농사를 지으면서 바라보는 생명체들의 끈질기고 강인한 생명력에 대해 천착하고 있다. 「재생의 법칙」에서는 인간이 먹고 버리는 "매일 부엌에서 나온 음식물을 쓰레기 통에/ 따로 모아 밭 귀퉁이로 가져가/ 두엄자리를 만들어" 식물에게 영양을 공급한다며, 음식물 쓰레기의 재생을 노래하고, "흰 눈 속에서 자란 완두콩은/ 지줏대만 세워주어도/ 알아서 알이 꽉 차는"(「완두콩을 따며」) 생명력을 묘파한다. 또 「재두루미와 두루미」에서는 해마다 가을철이면 "철원 평야 벼 이삭 알곡을 먹으려/ 가냘픈 날갯짓으로" 시베리아에서 날아오는 재두루미와 두루미의 생명 활동을 예의주시하고 있다.

4. 유년의 추억과 고향에 대한 사랑

서정시 양식에서 '유년'과 '고향'은 인간의 순수한 원형심상으로 작용한다. 유년과 고향은 시공간 속에서 그대로 남아있지 않는다. 유년의 되돌릴 수 없는 과거의 시간이고 고향은, 특히 산업화의 영향으로 옛 모습을 유지하지 못한다. 그렇지만 시인의 가슴 속에 남아있는 유년과 고향은 옛 모습 그대로 과거에 머물러 있다. 우리가 특히 유년에 주목하는 것은 유년이라는 한 시기가 인간으로서 아직 때묻지 않은 순수를 간직하고 있기 때문이다. 서정시의 양식은 모두가 과거의 지나간 정서적 사건을 시인이 살고 있는 현재라는 현실과 대비시켜 과거의 순수라든가 행복했던 때를 환기시킨다. 구판순 시인의 시에서 유년의 추억을 소환하는 시 또한 이러한 서정시의 특징을 그대로 보여준다.

구판순 시인의 시 한편에서는 고향, 즉 화순을 노래한 것들이 많다. 그것은 그가 현재 실존하는 공간이 화순이라는 특정 지역이기 때문에 나고 자라고 살고 있는 장소성에 대해 노래할 수밖에 없다. 공간, 즉 장소는 엄연한 실존의 조건이며 토대이다. 사람은 장소를 떠나 살 수 없다. 그러므로 사람이 살지 않는 땅은 죽은 공간이다. 사람이 살아가는 땅은 장소와 지각공간의 인지와 경험이 이루어지는 바탕이다. 삶은 그것을 구체적이고 직접적으로 경험하고 그 경험의 맥락과 연관성 안에서 인성이 형성되고 감정이 영향을 받는 일을 배제하고는 성립될 수밖에 없다. 이처럼 구판순 시인에게 공간성은 자신의 실존의 토대가 될 수밖에 없는 것이다.

먼저 구판순 시인의 유년의 기억이 투사된 「살구나무의 추억」을 살펴본다.

> 큰재 가는 길에 살구나무가
> 모진 바람에 힘든 나날을 보내더니
> 화사한 분홍 얼굴을 보여 주면
> 찌들었던 가슴이 탁 트인다.

어릴 적 친구네 우물가 살구나무가 있어
일부러 물을 길으러 가 옹기 물동이를 샘가에 놓고
살구나무 밑에서 두리번거렸다.

깨진 살구 하나 주워
주인댁에게 "이것 먹어도 돼요"
"응! 먹어" 허락이 떨어지자
큰 횡재라도 하는 양 두레박질이 한결 가벼웠다.

살구꽃이 필 때면 집안에 보물이 들어올 것처럼
와아! 와아! 입과 눈이 호사하여
마음에 부자가 되는 기분이었다.

살구꽃 피고 지고 새콤달콤 열매 맺으면
코로나로 힘든 소상공인과 서민은
살구나무 보며 벙긋이 웃을 날이 오겠다.
-「살구나무의 추억」 전문

현재의 시점에서 화자는 "큰재 가는 길에 살구나무가/ 모진 바람에 힘든 나날을 보내더니" 다시 활기를 찾아 분홍꽃을 피우자 화자는 "찌들었던 가슴이 탁 트인다." 현재 시점에 화사한 살구나무를 바라보며 화자는 유년의 살구나무를 소환한다. "어릴적 친구네 우물가 살구나무"이다. "일부러 물을 길으러 가 옹기 물동이를 샘가에 놓고/ 살구나무 밑에서 두리번 거렸다." 이러한 행위는 혹시 살구가 떨어져 있는지를 살피기 위한 행동이다. 그러다가 "깨진 살구 하나 주워/ 주인댁에게 "이것 먹어도 돼요""라고 주인의 허락을 구한다. 그러자 ""응! 먹어" 허락이 떨어지자/ 큰 횡재라도 하는 양" 우물가 "두레박질이 한결 가벼"워진다. 오늘날 지천에 과일천지이지만 수십 년 전 시인의 유년은 몹시 배고픈 시절이어서 살구 하나 얻어 먹을 수 있는 일조차 하나의 행운이었다. 화자인 시인은 "살구꽃이 필 때면 집안에 보물이 들어올 것처럼" 어떤 기대감이 마음을 설레게 하였다. 이럴 때는 "마음이 부자가 되는 기분이었다."고 술회한다. 시인의 시선은 다시 유년에서 현실로 되돌아와 "코로나로 힘든 소상공인과 서민은/ 살구나무 보며 벙긋이 웃을 날이 오겠다."고 소망한다. 현재에서 유년이라는 과거로 돌아갔다가 다시 유년처럼 힘든 현실을 살아가는 어려움에 처한 사람들의 안녕과 행복을 기원하는 화자의 마음은 배고픈 시절을 통해 유년의 순수한 소녀를 소환하고, 다시 오늘 우리 주변에서 어려운 처지에 있는 사람들의 삶을 위무한다. 가슴이 훈훈해지는 작품이다.

화순에 사는 사람들이라면 '부처샘'을 모르는 사람이 없을 것이다. 화순은 예부터 샘이 많은 고장으로, 그중에서 특히 부처샘은 설화와 함께 오랜 세월 화순 사람들의 생명의 물줄기로 사랑받아왔다. 주지하다시피 물은 생명의 기원이며 생명 자체이다. 그러므로 샘에 마을의 안녕을 비는 제사를 지내기도 하였다.

화순 부처샘은
가뭄이 들어도 시원한 물이 콸콸
얼음장이 덮여도 김이 모락모락

삼복더위에 시원한 물
한 모금 마시면 이마에 땀이 잦아들고
목구멍으로 흐르는 물이
정신을 번쩍 들게 한다네.

부처샘 물맛은
여름에 어머니가 시원한 수박을 주신 것처럼
겨울엔 따뜻한 고구마를 쪄주시는 것처럼
입에 닿으면 꿀떡꿀떡 잘도 넘어가네.

혼자 마시기 아까운 부처샘물
지나는 길손 고단한 걸음 멈추고
한 모금씩 목을 축이면
발걸음 한결 가벼워 질 것이네.

-「부처샘 옆에서」 전문

이름난 샘들이 그렇듯이 부처샘 역시 “가뭄이 들어도 시원한 물이 콸콸” 쏟아지고, “얼음장이 덮여도 김이 모락모락” 나는 따스한 샘이다. “삼복더위에 시원한 물/ 한 모금 마시면 이마에 땀이 잦아들고/ 목구멍으로 흐르는 물이/ 정신을 번쩍 들게 한다”. 그뿐만이 아니라 물맛이 좋기로 소문난 부처샘은 “여름에 어머니가 시원한 수박을 주신 것처럼” “입에 닿으면 꿀떡꿀떡 잘도 넘어”가는 물맛 좋은 샘이다. 이렇듯 여름에는 시원하고, 겨울에는 따스한 물맛 좋은 부처샘은 화순의 자랑이어서 “혼자 마시기에는 아까운” 샘물이다. “지나는 길손 고단한 걸음 멈추고/ 한 모금씩 목을 축이면/ 발걸음 한결 가벼워질 것"이라며 부처샘을 찬하고 있다. 주지하다시피 샘의 고장 화순읍에는 이름난 샘이 여섯 개가 있었다. 산업화의 과정에서 수도가 보급되며 몇 개의 샘은 사라지고 또 몇 개의 샘은 그 흔적만 유지하고 있다. 그러나 부처샘은 아파트 개발 속에서도 살아남아 화순 사람들에게 변하지 않는 물맛을 전해주고 있다. 시인은 자치샘, 옥거리샘 등이 샘의 기능을 잃은 것에 아쉬운 마음이 들었을 것이다. 현대식으로 탈바꿈해 수도꼭지만 틀면 콸콸 물통을 채우는 부처샘에 대한 애정을 이 작품을 통해 드러내는 것으로 이해한다. 자신이 살고 있는 오래된 샘에 대한 사랑이 오래 지속되기를 또한 기원하는 것이 시인이 고향을 사랑하는 방법이다.

화순은 경관 좋은 곳이 많기로 유명한 고장이다. '동구리 호숫가' 또한 새롭게 떠오르는 명소이다.

동구리 호숫가에
장맛비가 잠깐 쉬어갈 때
물고기 떼가 반갑게 나와
둥글게 길을 가라 하네.

동구리 호숫가에 가면
부지런한 걸음 둥글게 한 바퀴 돌아보면
어여쁜 임이라도 만날 것 같은
마음이 설레이네.

동구리 호숫가에 가면
뜨거운 햇볕에 내리 쬐어도
무더위가 숨통을 죄여도
물고기 떼가 반갑게 손짓하네.

동구리 호숫가 가면
할배 할매 며느리 아들 손자 물고기 떼가
한데 어울려 부족함을 채워주고, 실수는 감춰주고
어우렁 더우렁 둥글게 살라 하네.

-「동구리 호숫가에 가면」 전문

무등산의 한 줄기인 만연산의 기운으로 고여있는 "동구리 호숫가"에 화자는 갔나보다. 그때 "장맛비가 잠깐 쉬어" 가는데, "물고기 떼가 반갑게 나와/ 둥글게 길을 가라" 한다. 동구리 호숫가에서 "부지런한 걸음 둥글게 한 바퀴 돌아보면/ 어여쁜 임이라도 만날 것 같은/ 마음이 설레"인다. 이처럼 동구리 호숫가에 가면 무슨 좋은 일이 생길 것 같아 물고기 떼를 만나고 어여쁜 임이라도 만날 것 같은 설레임을 갖게 한다. 그러므로 동구리 호숫가에서는 "할배 할매 며느리 아들 손자 물고기 떼가/ 한데 어울려 부족함을 채워주고, 실수는 감춰주고/ 어우렁 더우렁 둥글게 살라" 한다. 시적 화자의 설레이는 기대감이 있는 마음과 비가 내리거나 햇볕이 비추는 풍경이 서로 조응하며 서정성을 드높인다.

살펴보았듯이 구판순 시인의 시는 매우 쉽게 독자들에게 메시지를 전달하며 시인 내면의 정서를 독자들에게 부

담없이 잘 전하는 특성을 지녔다.

이밖에도 화순을 노래한 작품으로는 「9월의 수만리 큰재 숲 바람이 콧등을 치면」에서 시제가 말하듯 수만리 고개에 바람이 불면 "찌들었던 땀 냄새"를 씻어가고, "밤이 익어가는 소리가 들"리고 "빈 곳간이 가득 차" "부자가 되는 것 같"은 느낌을 갖게 한다. 그리고 「만연산의 향기」에서는 '자연의 향기가 풍기고' '세월의 무게가 퇴적된 곳'이라고 한다. 「만연산 폭포 철쭉」에서는 "두려움도 질투도 버리고/ 채움을 비울 수 있"다고 노래한다. 「물염정에서」에 이르면 적벽강가의 물염정이라는 공간은 "시커먼 눈을 씻어주"고 있다며 물염(勿染)의 의미를 되새긴다. 또한 역사와 전통, 그리고 아름다운 풍광을 가진 화순을 마음껏 노래한다.

5. 가족에 대한 사랑

'가족'은 피를 나눈 부모와 자식의 관계이므로 생물학적인 유전자를 같이 한다는 측면에서 더욱 애틋하게 한다. 더불어 가족은 같은 생각, 같은 추억을 공유하고 있다는 점에서 세상에서 가장 가깝고 친숙한 사회공동체이다. 이렇듯 공유하는 것들이 많아 실존하는 방식도 유사하고, 여러 가지 공통분모를 함께한다. 그러므로 시인은 가족이 부대끼면서도 사랑하는 관계이므로 어떠한 공동체보다도 끈끈하고 따스한 정을 나눈 서사와 서정을 시로 형상화한다. 때로는 가족사적인 일면을 보여주기도 하고, 때로는 일상의 정서적 사건을 가장 많이 노래하는 시적 대상이기도 하다.

구판순 시인의 시편에서는 어머니, 아버지, 손자가 시적 대상으로 나타난다. 그중에서 어머니를 시적 대상으로 삼아 옛 이야기를 들려주듯이 추억하고 유년의 아버지와의 아쉽고 따스한 기억을 더듬는다. 그리고 노년에 접어든 오늘에 와서는 손자를 애틋하게 바라보는 시선에 애정이 묻어난다.

먼저 「어머니의 손길」에서 유년의 어머니를 회억한다.

> 어머니는 동네 사람에게도
> 장사꾼에게도 잘 되라고
> 빌어주며 끼니 걱정을 하셨다.
>
> 장독 위에 정화수 떠 놓고
> 어쨌든 건강해라! 정직해라!
> 자신의 일을 충실하게 해라!
> 남에게 베풀어야 한다며
> 과욕은 금물이라고 하셨다.
>
> 생일날 빌고도 설날, 추석날도
> 정성껏 음식 차려 놓고 또 빌어 주셨다.
>
> 건어물 이고 다니는 여수 장사에게
> 모기장 치고, 고슬고슬한 안방에 잠 재워주고
> 아침밥을 가족보다 먼저 차려주는 어머니.
>
> 그저 남에게도 잘 되라고 비는 어머니

먼 나라에서 당신은 찬밥
타인에게 김이 모락모락 나는
따뜻한 밥상 차리는 일 하실까?

-「어머니의 손길」 전문

흔히 '어머니'를 마음의 고향이라고 말한다. 대체로 아버지는 말이 없고 근엄한 모습을 내보인다. 그래서 살가운 어머니를 가까이 하는 까닭에 시적 대상으로 삼아 어머니의 따스한 손길을 노래하는 시인들이 많은 편이다. 구판순 시인에게도 마찬가지여서 시인이 먼 옛날의 어머니를 "동네 사람들에게도/ 장사꾼에게도 잘 되라고/ 빌어주며 끼니 걱정을 하셨다."고 회고한다. 마을 사람뿐만 아니라 장사꾼조차 잘 되라고 빌어주는 어머니는 자식들에게 더욱 따스한 인정을 보여준다. "장독 위에 정화수 떠놓고" "건강해라! 정직해라!/ 자신의 일을 충실하게 해라!/ 남에게 베풀어야 한다" "과욕은 금물이"다고 말씀하시는 어머니는 인간됨을 가장 강조하신 분이다. 뿐만 아니라 '생일날', '설날', '추석날' 등 생일이나 명절 때가 되면 자식 잘 되기를 빌고, 조상님 음덕에 감사를 드리는 전형적인 자애로운 어머니의 상을 가진 분이다. 서두에서 장사꾼에게도 잘 되라고 비는 어머니는 장사꾼을 집에서 잠재워주고, 아침밥을 "가족보다 먼저 차려" 주시는 인정을 많이 베푸신다. 그런데 이제 "먼 나라에서도 당신은 찬밥/ 타인에게 김이 모락모락 나는/ 따뜻한 밥상 차리는 일 하실까?"하고 세상 떠난 어머니가 그곳에서도 생전처럼 타인에게 사랑을 베풀고 계실 것이라는 상상을 하고 있다.

「꽃신」에서는 아버지를 소환하고 있다. 아득한 수십 년 전의 아버지이다.

아버지는 넘어져 무릎 상한다고
꽃신을 사 주시지 않아
남자 신발 하얀 반구두만 사주어
꽃신 한 번 신어 보는 게 소원이었어요.

친구들 꽃신을 신어 보면 하늘을 날 것 같아
하늘 높이 널을 뛰는 것처럼
키가 마구 커가는 것처럼 느껴졌지요.

꿈에라도 꽃신을 사 주실 줄 알았는데
기다려도 끝내 사주시지 않았지요.

가죽 부츠가 유행일 때
큰 오빠한테 부츠 한 켤레 원했더니
공기가 안 통해 발이 썩는다고 호통을 쳐
부츠 신은 사람들 뒷모습으로 신어 보았지요.

지금은 파릇파릇 새싹 돋은 소리
무성한 숲이 타는 소리, 낙엽 뒹구는 소리,
눈 속을 뽀드뽀드 더듬은 발자국소리를
아버지의 추억으로 삼아 신겠어요.

-「꽃신」 전문

구판순 시인의 유년에는 보릿고개가 있어 춘궁기 때는

배고파하는 사람들이 많았다. 오늘날 마음만 먹으면 구할 수 있는 풍요로운 시대에, 그 옛날 '꽃신'을 신어보고 싶은 시적 화자 작은 소망조차 이루지 못했던 아버지와의 일화를 아프게 내어놓는다. 시적 화자이며 시인 자신인 어린 소녀가 꽃신을 신어보고 싶었지만, "아버지는 넘어져 무릎 상한다고/ 꽃신을 사주시지 않아/ 남자 신발 하얀 반구두만 사주어" 아버지를 원망이라도 했을까? 그래서 "친구들 꽃신을 신어보면 하늘을 날 것 같아/ 하늘 높이 널을 뛰는 것처럼/ 키가 마구 커가는 것처럼 느껴"지기도 하였다. 끝내 아버지는 꽃신을 사주시지 않았다. 이러한 추억이 시인에게 작은 상처라도 된 것일까? 살아오면서 수많은 추억과 정서적 사건을 화자인 시인은 수십 년 동안 잊질 않고 시로 형상화시킨 배경은 무엇이겠는가. 그것은 어린 시절 꽃신을 신고 싶은 어린 소녀의 간절한 소망이 하나의 상흔으로 남아있기 때문일 것이다. "가죽부츠가 유행일 때/ 큰 오빠한테 부츠 한 켤레"를 사주기를 소원한다. 그러나 "공기가 안 통해 발이 썩는다고 호통을 쳐/ 부츠 신은 사람들 뒷모습으로 신어 보았"다고 고백한다. 이 고백은 시인 자신을 위로하는 위안이며 스스로를 다독이는 손길 같은 것이다. 이제 성년이 되고 한세상 지극하게 살아온 시인은 봄 · 여름 · 가을 · 겨울 꽃신 신은 모습으로 길을 가는 자신을 떠올리며, 꽃신이 걸어가며 내는 발자국 소리를 "아버지의 추억으로 삼아 신겠"다고 한다. 이 작품 속에는 아버지에 대한 애증보다는 꽃신을 신고 싶었던 시인 자신을 안쓰럽게 여기는 연민이 흐르고 있다. 그러므로 이 작품은 어린 소녀인 아득한 날의 자신을 위한 헌사라고 할 수 있다.

다음의 「손자의 기도」는 자신의 유전자를 이어받은 어린 손자를 사랑스럽게 바라보는 시인의 따스한 시선이 깃들어 있다.

> 산짐승에게 두 마리 토끼의 목숨을 빼앗기고
> 한 마리는 죽었을까! 어디서 살고 있을까!
> 손자는 토끼가 묻혀 있는 곳에 봉분을
> 두 곳에 어른 주먹만하게 만들었다.
>
> 분꽃이 흐드러지게 피어 있어
> 향긋한 내음은 사방으로 바람을 타고
> 집 나간 놈이 가족의 무덤을 찾을 것을 기다렸다.
>
> 손자는 나무판 위에 '토끼 여기 잠들다'라고
> 연필로 써서 비목을 세워놓고
> 집 나간 놈이 돌아올까 봐 까치발로 서성이며
> 하이얀 분꽃 두 송이를 놓아두고 기도를 하였다.
>
> "친구야 좋은 데로 가라"
> 아이는 밭에 갈 때마다 토끼의 무덤에 기도하였다.
>
> -「손자의 기도」 전문

우리말에 '내리사랑'이라는 말이 있다. 자식보다 손주가 더 사랑스럽다는 뜻이다. 위의 작품에서는 시인의 손자에 대한 애정이 듬뿍 느껴진다. 아마 화자는 집에서 토끼를 기르고 있는가 보다. 그런데 야생의 산짐승이 토끼 두 마리를 물어갔는데, "한 마리는 죽었을까!"도 생각해 보고 "어디서 살고 있을까!"를 추측하며 걱정한다. 그런데 손자가 이미 산짐승에게 죽임을 당한 토끼 두 마리를 땅에 묻고 봉분을 만들었다. "집 나간 놈이 가족의 무덤을 찾을 것을 기다렸다." 혹시라도 집나간 토끼가 가족의 무덤을 찾을 것이라고 생각했기 때문이다. "손자는 나무판 위에 '토끼 여기 잠들다'라고/ 연필로 써서 비목을 세워놓"았다. 그리고 토끼 무덤에 하이얀 분꽃 두 송이를 놓고 "친구야 좋은 데로 가라"고 손주는 밭에 갈 때마다 토끼 무덤에 기도를 하였다. 토끼를 사람처럼 여기는 따스한 마음에 화자는 손자가 기특하였을 것이고, 생명에 대한 손자의 속 깊은 사랑이 대견하였을 것이다. 이 작품에서는 구체적으로 손자에 대한 사랑을 형상화시키지는 않았지만, 이 작품을 써야겠다는 시적 발화는 물론 시를 쓸 때 사람이 아닌 미물인 짐승을 향한 손자의 사랑에 몹시 기뻐했을 것이다. 그래서 기꺼이 이 작품을 썼을 것이다.

가족에 대한 구판순 시인의 애정이 깃든 작품 중 「겨울 강」은 매우 담백한 정조를 보이는 시편이다. 이양 기차역 대합실에서 서로 헤어지는 모녀의 모습은 시적 화자가 "냇물이 큰 강을 찾아가려면/ 유리창처럼 얼어도/ 흘러가야만 하였네"에서 보듯 보다 넓은 세상으로 떠나가는 딸로 짐작되는 이의 모습을 그리고 있다. 구체적인 묘사는 없어도 애틋한 모녀의 정이 느껴진다. 「닭죽 끓이는 날」에서는 코로나로 인해 하늘길이 막혔다가 오랜만에 집에 온 아들네를 위해 집에서 기르는 장닭을 잡고 온갖 약재를 넣어 닭죽을 끓이는 어머니의 자식 사랑하는 마음이 뜨겁게 넘친다. 「부모님을 기다리며」에서는 돌아가신 아버지의 유택을 수리해놓고 "내 나이 여덟 살/ 먼 길 떠난 아버지는 언제 집으로 오시려나?"하는 아버지에 대한 그리움과 함께 "하루라도 따숩고 시원하게 해드려야 할 텐데!"라고 하며 세상을 떠난 아버지가 겨울에는 따숩고, 여름에는 시원해야 한다는 생각을 교차시키며 아버지에 대한 무한한 그리움과 사랑을 내비친다.

구판순 시인의 가족에 대한 뜨거운 마음은 세상 모두가 그렇듯이 인정과 사랑, 그리고 돌아가신 부모님에 대한 그리움이 넘쳐나고 있다. 이러한 시인의 시적 상상력의 기저에는 가족뿐만 아니라 인간에 대한 사랑과 믿음이 근본적으로 작용하기 때문이며 시인이 시를 통해서 뿐만 아니라 시를 실천 덕목으로 삼기 때문이다.